进阶吧！投资者 ①

守护辣条

齐乐 黄秋子 著
贝黑莱特 Toon Dorothy 绘
雪球 编

中信出版集团｜北京

图书在版编目（CIP）数据

进阶吧！投资者 . 1 / 齐乐，黄秋子著；贝黑莱特，Toon，Dorothy 绘；雪球编 . -- 北京：中信出版社，2024.1
ISBN 978-7-5217-6040-8

Ⅰ．①进… Ⅱ．①齐… ②黄… ③贝… ④T… ⑤D… ⑥雪… Ⅲ．①投资－通俗读物 Ⅳ．① F830.59-49

中国国家版本馆 CIP 数据核字（2023）第 188079 号

进阶吧！投资者 1
著者： 齐　乐　黄秋子
绘者： 贝黑莱特　Toon　Dorothy
编者： 雪　球
出版发行：中信出版集团股份有限公司
（北京市朝阳区东三环北路 27 号嘉铭中心　邮编　100020）
承印者：北京利丰雅高长城印刷有限公司

开本：880mm×1230mm　1/32　印张：6.5　　字数：82 千字
版次：2024 年 1 月第 1 版　　印次：2024 年 1 月第 1 次印刷
书号：ISBN 978-7-5217-6040-8
定价：59.00 元

版权所有·侵权必究
如有印刷、装订问题，本公司负责调换。
服务热线：400-600-8099
投稿邮箱：author@citicpub.com

人物简介

甄真

初入职场的毕业生,投资小白

隐星基金公司创始人甄墨言之女,没有职场经验的投资小白,毕业于纽约大学金融专业,刚毕业,父亲就意外离世。为进一步了解父亲生前管理的投资组合背后的秘密,加入了隐星基金公司,在实际投资中逐渐建立起自己对投资的理解。

陈丙伸

能够看透复杂投资的"天才基金经理"

早年加入隐星基金公司,与创始人甄墨言亦师亦友,很快成为圈内的"天才基金经理"。在声名大噪时选择退隐,成为一名夜大讲师。退隐原因引发众人猜测……

甄墨言

隐星基金公司创始人、投资大佬

隐星基金公司创始人,负责把控公司整体的投资研究和投资策略。具有20余年投资市场相关经验,对中国及全球资本市场有深刻的理解,投资风格成熟稳健,通过独特且深入的调研,能够敏锐地把握投资机会。在一次调研中意外离世。

李轶君

隐星基金公司董事长、甄墨言挚友

与甄墨言共同创办了隐星基金公司,负责公司管理工作,具备卓越的管理能力和销售能力。在甄墨言意外离世后,把甄真招募进公司潜心培养,并找来了陈丙伸帮忙。

目录

第一话

离奇的爆炸   1

入职父亲生前创建的基金公司,基金怎么选?
长期净值、业绩归因、人格认知。

▼ **投资者课堂**
什么是私募基金?

第二话

寻访神秘人   27

投资自己不了解的公司,就像把钱扔进赌场。

▼ **投资者课堂**
什么是公募基金?

第三话

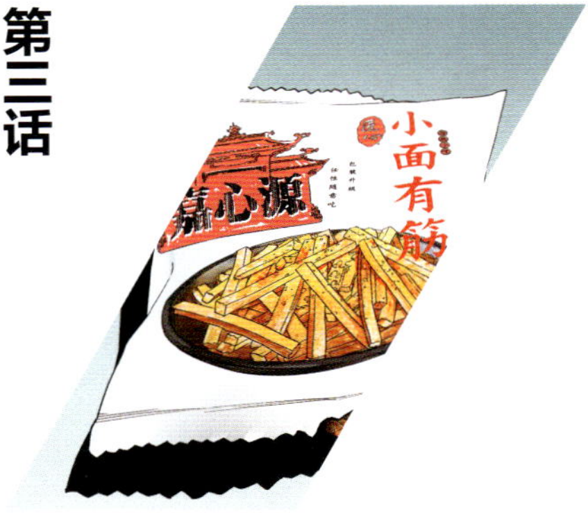

买空货架 51

想要了解一家公司，最好把它的产品放进嘴里好好嚼一嚼。

▽ 投资者课堂
　　如何用雪球做投资？

第四话

走！辣条发源地 73

管理投资的仓位，就像餐厅的厨师长管理冰箱，要在最合适的时间将最优质的食材送上餐桌。

▽ 投资者课堂
　　食品行业的投资价值

第五话

被误解的 40 年 97

如果你认为"食品添加剂 = 不安全"，你可能很难理解整个食品行业的投资逻辑。

▽ 投资者课堂
　　想投资食品行业，
　　可以选择哪些类型的基金？

第六话 成功说服 121

嘉心源是一家不错的公司，可为什么市场没有看到它的价值呢？

投资者课堂
普通投资者可以从哪些渠道了解一家食品公司？

第七话 挑战董事会 145

长期持有一家能坚守自身品牌价值的公司，能获得更高的回报。

投资者课堂
长期投资是不是代表拿着不动？

第八话 小时候的味道 173

产品升级周期长、风险大，投资变革中的公司需长期看好其发展前景。

投资者课堂
买基金被套牢怎么办？

第一话
离奇的爆炸

纽约 瑞吉酒店

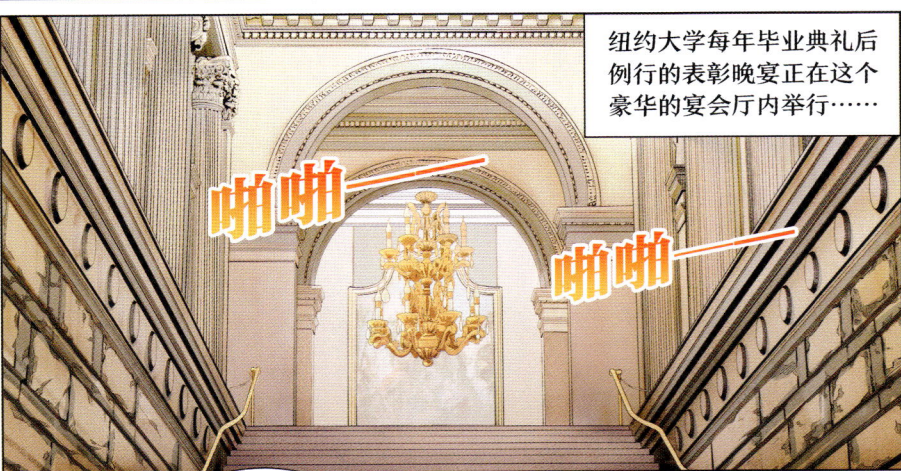

三十分钟前
坦桑尼亚

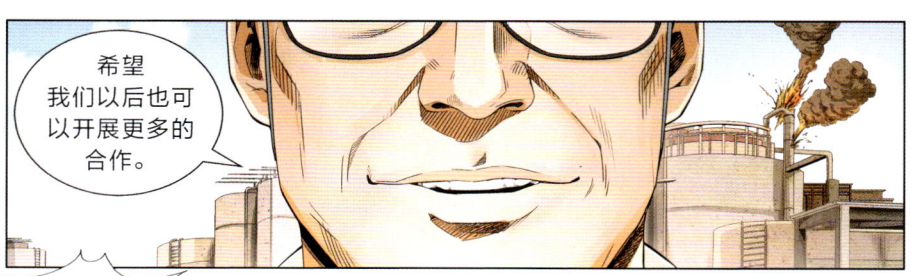

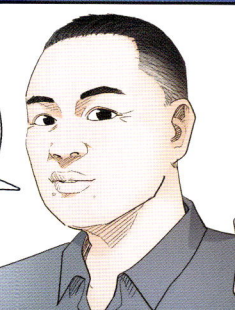

买私募基金很便捷，你在雪球App上打开"私募"标签，可以看到一只只私募基金，一步步点下去就可以购买，雪球是一个很好的购买私募基金的平台。

在雪球App上，你可以找到匹配自己的投资需求的私募产品，同时了解它的投资策略，建立对它的认知。

关于私募基金的选择，我想分享一个十二字方针：

长期净值、业绩归因、人格认知。

针对长期净值，大部分投资者会问：长期到底多长？单纯地谈长期净值是没有意义的。时间越长，的确越有助于我们认知管理人的投资能力，

但我们做选择的目的是与此相反的。我们需要在尽量短的时间内，确定这个管理人是否有投资能力，比如，提前30年知道巴菲特是巴菲特，能够让我们多赚好多钱。

缩短时间的办法是什么？主要办法就是业绩归因。我们一定要知道，业绩只是表象。为什么前一年的收益冠军基本不能买？因为短期收益冠军几乎都是"错误的投资方法+运气"组合出来的，当运气均值回归的时候，就是我们投资失败的时候。

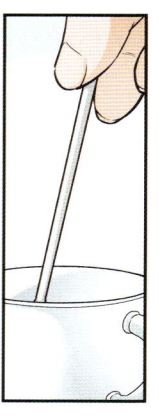

这……也叫学院？
这就是那种所谓的夜大吧……
火车票代售处
火车票 飞机票 旅游汽车出租
惠新继续教育学院
大爷，我进去找个人……行吗？
摇头
好。
哈哈……
刚才一路进来也没人阻拦，似乎谁都可以进来，这学校真的没问题吗？

所以呢，
凡事要看一下
本质……
最好的……
导师？
不要
总信那些公
众号上的推
文……
好了，
今天的课就到
这里。
现在我
们进入茶话会
环节……

谁来分享一下自己最近的投资？
陈老师，最近上市的那家连锁面馆……
我提前做了研究，上周买了点儿，涨得还不错呢……
哦？那你都研究什么了？
那家面馆上市前，就有好几家基金前后投资了十几个亿。我觉得，那么多大基金……
不可能做亏本买卖吧……我就抄作业了。
而且我看媒体报道说，他们家用了四年时间，在全国开了两千家连锁店，供应链信息化、标准化和网络营销都做得很好。
现在还推出免费加盟，反正我觉得还挺符合现在的趋势的……

这么说，你研究得还挺深入呀……那我问你一下，点那家面馆的招牌牛腩面，香菜是分开放，还是直接加在汤里的？
啊！这……
我……我还没去吃过……
哈哈，那边有位送餐员兄弟，你送过他家的外卖单吗？
送过，送过……
他们有家店就开在我们小区，以前是个超市，租金很便宜。不过，那种地方不让用明火吧……
他家的外卖老漏汤，上礼拜还害我被投诉了……
我去他家面馆吃过，味道一般般啦，没锅气。
现在人都点外卖，哪要什么锅气……
又是中央厨房做餐包，门店微波炉加热那一套……
我大侄子做他家的连锁店，一开始的时候账期半个月，现在要三个礼拜啦！
对了！你大侄子有三十岁了吧？还不找对象吗？要不要……
总觉得那么做出来的东西不安全……

这课堂氛围还真是……好像一群大爷大妈在胡同口聊天……不过，似乎又有点儿不一样……
咳咳！大家安静一下，时间差不多了。
我听说过那家面馆，但并不了解……
不过很多时候就是这样，人们只是听说过……
知道了很多看似专业的名词，就以为自己很了解了。有句老话是这么说的……
投资自己不了解的公司，就像是把钱扔进赌场，唯一的区别是你输光之前，在赌场还可以多玩两把。
当然，长期来看，每个人都会死。
所以，想赌上两把也没什么……只是……

别欺骗自己这是在做“投资”就行……
这可能连“投机”都算不上……
好了！
今天就到这里，下课！
陈老师还没吃饭吧，要不要一起去？
不用！谢谢……
我还要再跑两单。
你一会儿去哪儿？

超市
东西怎么都堆在这儿了，之前那个小妹呢？怎么你自己看店……
她回老家嫁人了，连二楼的屋子都搬空了，我反正在家也是闲着。

今天吃点儿啥呀？
要排骨、鸡爪、麻辣牛肉、腊肠，每样五串。啊，再来五串肥肠，一包辣条加一听生啤。
大晚上吃这么多，可别还没娶到媳妇就发福了……
喂喂！老季，你不会也到了想给人介绍对象的年纪了吧……
哈哈，我是说门口那个小丫头，是跟着你来的吧？
小丫头？

都站那儿盯你半天了，要不就让人家进来呗，还不好意思啊？
啊？
立清洗衣店
3
重庆小面
对……对不起，我不是跟踪……我是专门来找您的。
我是隐星基金的甄真，有很重要的事想和您商量……
您……
我是不是在哪儿见过你？

我……
我……我是昨天才入职……
昨天？李轶君那女人已经丧心病狂到这个地步了吗？
欢迎光临
不过，派个女孩来，总比之前的几个傻小子强。
之前？
之前已经来过很多人了吗？
家电维修
其实我是有个问题需要向您请教……
甄墨言是我父亲，很多人都在质疑他之前做的几个重大的投资决策，认为它们严重影响了投资人的利益……
我这几天仔细研究了那些公司近几年的财报，也觉得确实很一般，完全看不出买入它们的理由。

那几家公司的财报上基本没什么亮点，像嘉心源食品这种公司，销售额增速已经连续好几个季度下滑……
净利润也呈现下跌的趋势。
虽然……我相信父亲……
我相信，父亲一定有他的考量，而不是像那些媒体上说的……
可他是怎么想的呢？

你是
那老家伙的
女儿？
……
他好
像说过，你
在美国学金
融……
唉，又
是个只会读财
报的美式科班
笨蛋。
笨……笨
蛋？
还……美
式的？
我说得不
对吗？财报上
找不到亮点，不
是理所当然的
事情吗？

那些财报漂亮、被各种机构看好的上市公司……
就像已经被探明还登上了头条的金矿。
立清洗衣店
等你扛着铁锹乐呵呵地爬上山，优质的矿脉早已被人挖走了……
那么你来告诉我……
还会轮到你吗？

这……

真正能赚钱的投资，有几个不是趁着市场还没看到它们的价值和潜力，对其不理不睬的时候，默默买入？之后不仅需要耐心……

有时候还要主动想办法帮助那些公司挖掘自己的价值，直到被市场认可……

不过，话说回来，你真的会看财报吗？

除了看财报，你还会做什么？会实地调查吗？

我……还没做过……

就算没做过实地调查，光是在网上，也能找到政府历年的行业指导文件和各类统计数据。
你做过同业间、国内外、不同时间段的交叉对比吗？
我看你根本不适合做投资，还是早点儿放弃吧！
欣欣超市
芳芳理发店
立清洗衣店
重庆小面

算了……
我早就不管那些破事儿了……
如果你没有头绪，可以去雪球上看看。
上面有不少人分享自己的投资心得，许多观点是很有价值的……
理发店
超市

超市
小姑娘，别太往心里去，他这人就那样儿……
前几个他理都不理，就把人打发走了……
陈丙伸就住这楼上？
是呀……
二楼出租
欣欣超市
叔叔，您的便利店二楼是在出租吗？
啊？

进阶吧！投资者课堂

雪球 出品

今天请来的主讲人是东吴基金总经理——陈军先生，他也是资本市场的老将。

请陈军总来给大家介绍一下公募基金的发展状况。

大家好，我是陈军。

什么是公募基金？

我和公募基金比较有缘，我个人是1998年开始做投资，中国公募基金也是自1998年正式起步。

到1999年先后成立了10家公募基金管理公司，这些公司陆续发行了多只封闭式基金产品。

2001年是中国公募基金的一个转折点，中国有了第一只开放式基金，这类基金给了客户更多的选择权，**可以随时申赎。**

开放式基金

这给基金经理带来了新的挑战：业绩做得好，规模就可以实现正增长，否则有可能面临清盘风险。

这种让客户"投票"的产品形式很快受到了广大投资者的青睐，中国公募基金迎来了快速发展期，各类新产品层出不穷，产品数量快速增加，基金逐步走入千家万户。

混合型基金　　股票型基金
货币型基金　　债券型基金

公募基金经过这二十多年的发展，产品类型已经非常丰富，分类的方式比较多，比较常见的是按照投资标的或者说投资范围来分类，

对大众投资者来说，最熟悉的可能还是混合型基金和货币型基金，混合型基金数量最多，货币型基金受众面最广。

其他如股票型基金、债券型基金也越来越被大众所熟知，此外，像QDII（合格境内机构投资者）基金、ETF（交易型开放式基金）这些有特定投资范围或交易方式的基金产品也在快速发展。

公募基金是真正的普惠型大众理财工具，认购起点低，现在多数基金都是一元起购，又具有专业投资、严格监管、高透明度、强流动性等特点，产品类型、投资范围、投资策略等方面也越来越丰富。因此，适合投资公募基金的人群非常广泛，工薪族可以借助公募基金不断积累财富。

风险提示：漫画内容仅供参考，不构成投资建议，相关观点及意见不代表雪球立场，亦不代表雪球对其中任何行业或相关公司的判断。内容中数据来自万得。

第三话
买空货架

我家就住这个小区。

二楼主要用作仓库，只有这间是可以住人的。

这不，刚空出来。

家具什么的倒是现成的……

对了，这儿隔音不太好，白天楼下有点儿吵。
你可以用楼下的Wi-Fi……
厕所、厨房都有点儿小。
不过租金嘛，绝对是附近最便宜的。
姑娘，你确定租吗？
租，而且……我打算今天就入住！

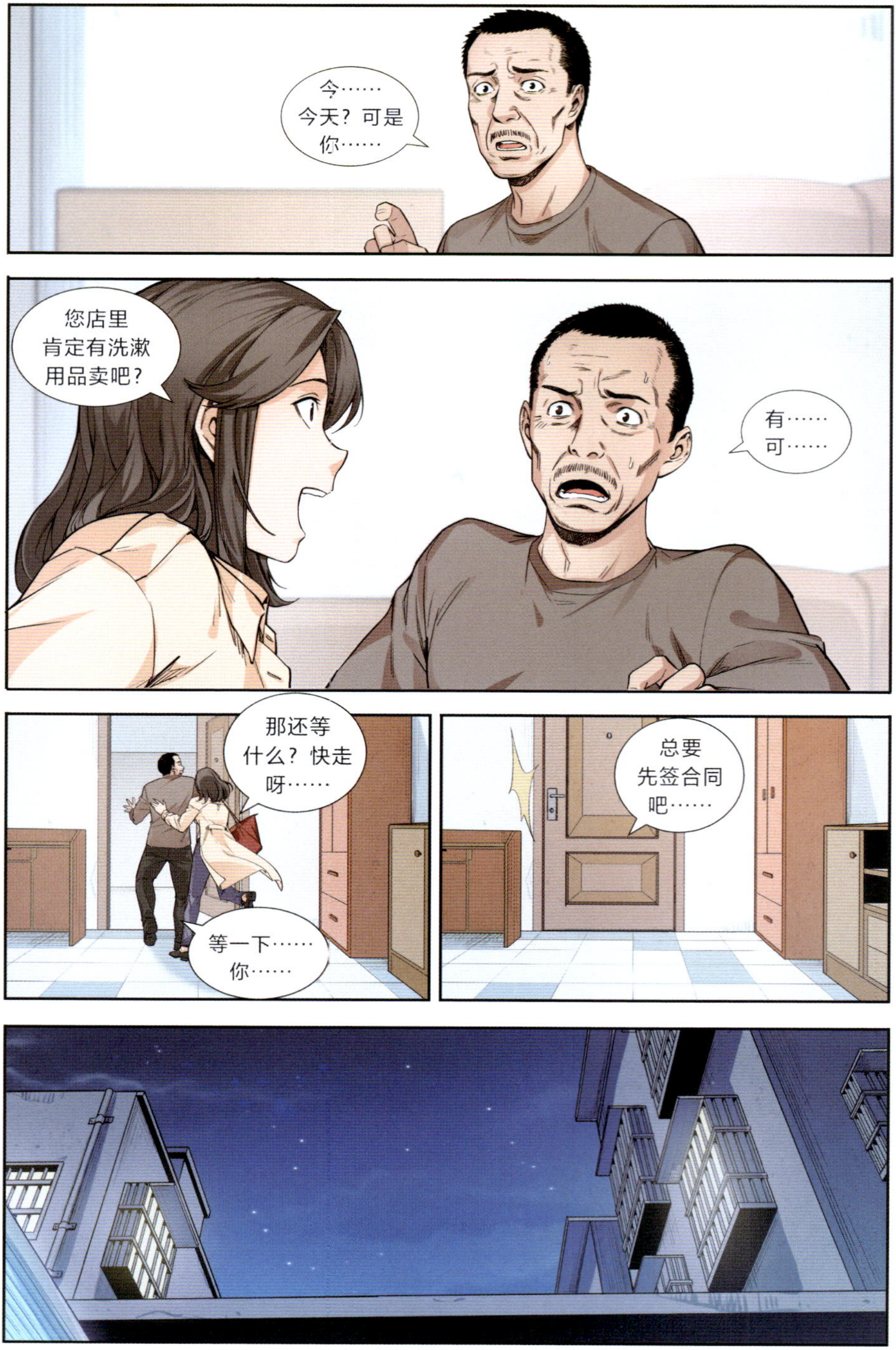
今……
今天？可是
你……
您店里
肯定有洗漱
用品卖吧？
有……
可……
那还等
什么？快走
呀……
等一下……
你……
总要
先签合同
吧……

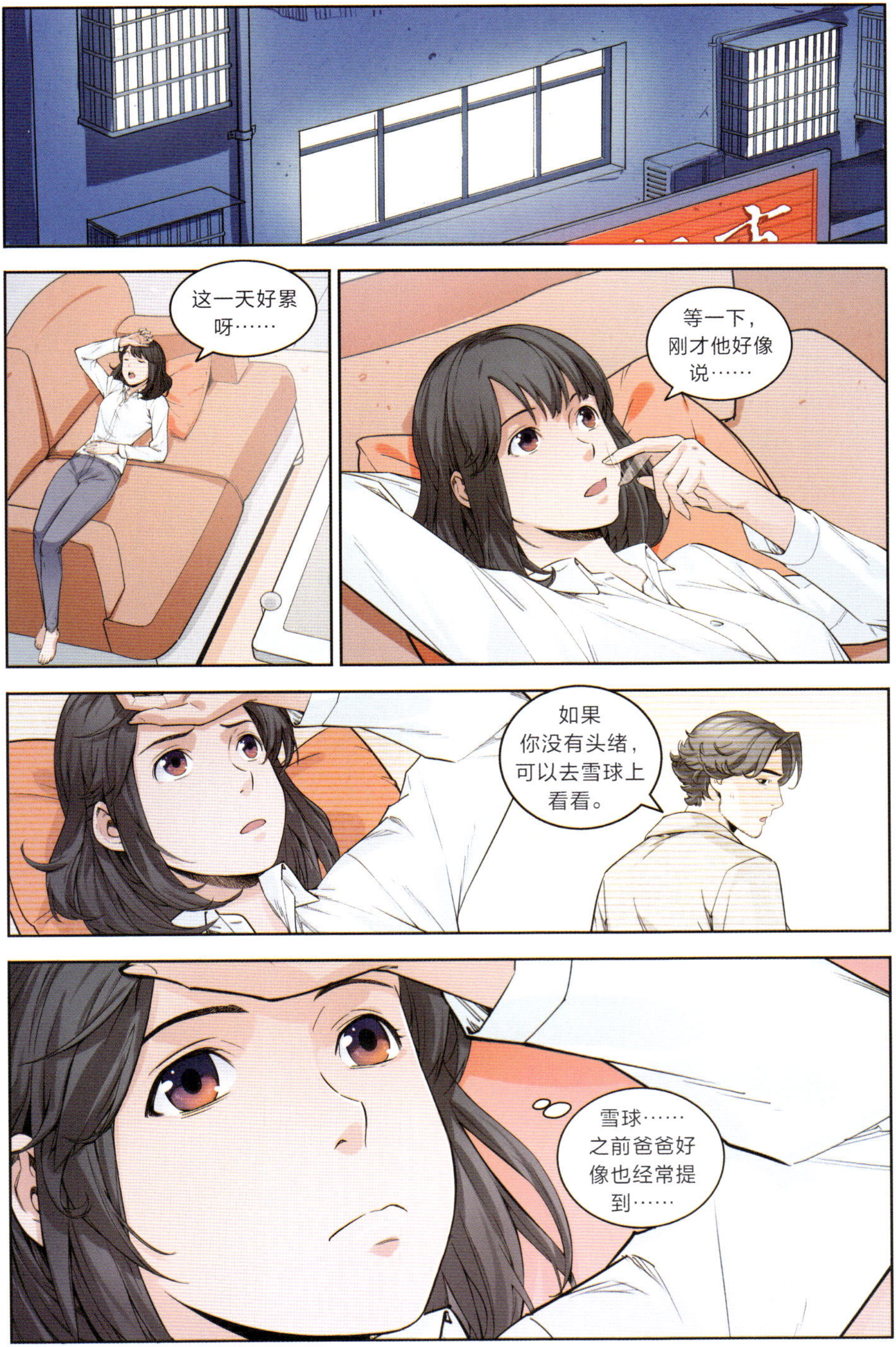
这一天好累呀……
等一下，刚才他好像说……
如果你没有头绪，可以去雪球上看看。
雪球……之前爸爸好像也经常提到……

是这个吧……
雪球
4.7
1亿
18+
介绍
评论 270
推荐
获取牛人干货
在雪球
定制你的专属投资服务
请选择你感兴趣的投资类型(多选)
请输入手机号或者邮箱
忘记密码?
请输入登录密码
登录
用这个吧……
嗯……从哪里开始呢?

就从那家公司开始吧。

萌新求教,大家对于#嘉心源食品#这家公司怎么看呢?

嘉心源食品成立近20年,7年前上市,但最近一直不是很景气。营销费用和运营成本越来越高,利润却呈现下滑的趋势。

@七颗红豆
嘉心源是辣条产业的老大哥了,属于家族企业。20年前,老爸打下的江山,7年前上市,现在儿子还没接班。公司的综合毛利率超过30%,在休闲零食赛道里还是不错的。

@游艇小兵
嘉心源前期估值涨得太高了,后面有杀估值的可能。慎入。

@消费教主
嘉心源属于大的消费板块,在提振内需的背景下,嘉心源这只个股其实不太受大环境的影响。

这么快就有回复了!

大家的回复都好专业……

@来广营博格
食品饮料行业去年在申万一级行业涨幅排第三。对新手来说,买个股不如挑一只食品饮料的ETF。

@东哥看财报
休闲零食的公司,产品同质化太严重了,嘉心源也是一样。产品同质化会引发价格战,降低行业的毛利率。

对了，楼下的便利店好像有不少嘉心源的产品……
@老酒老蔡
如果你真想了解一家公司，最好把它放进嘴里好好咀嚼……
那家伙好像也说过同样的话……
点那家面馆的招牌牛腩面，香菜是分开放，还是直接加在汤里的？
啪嗒

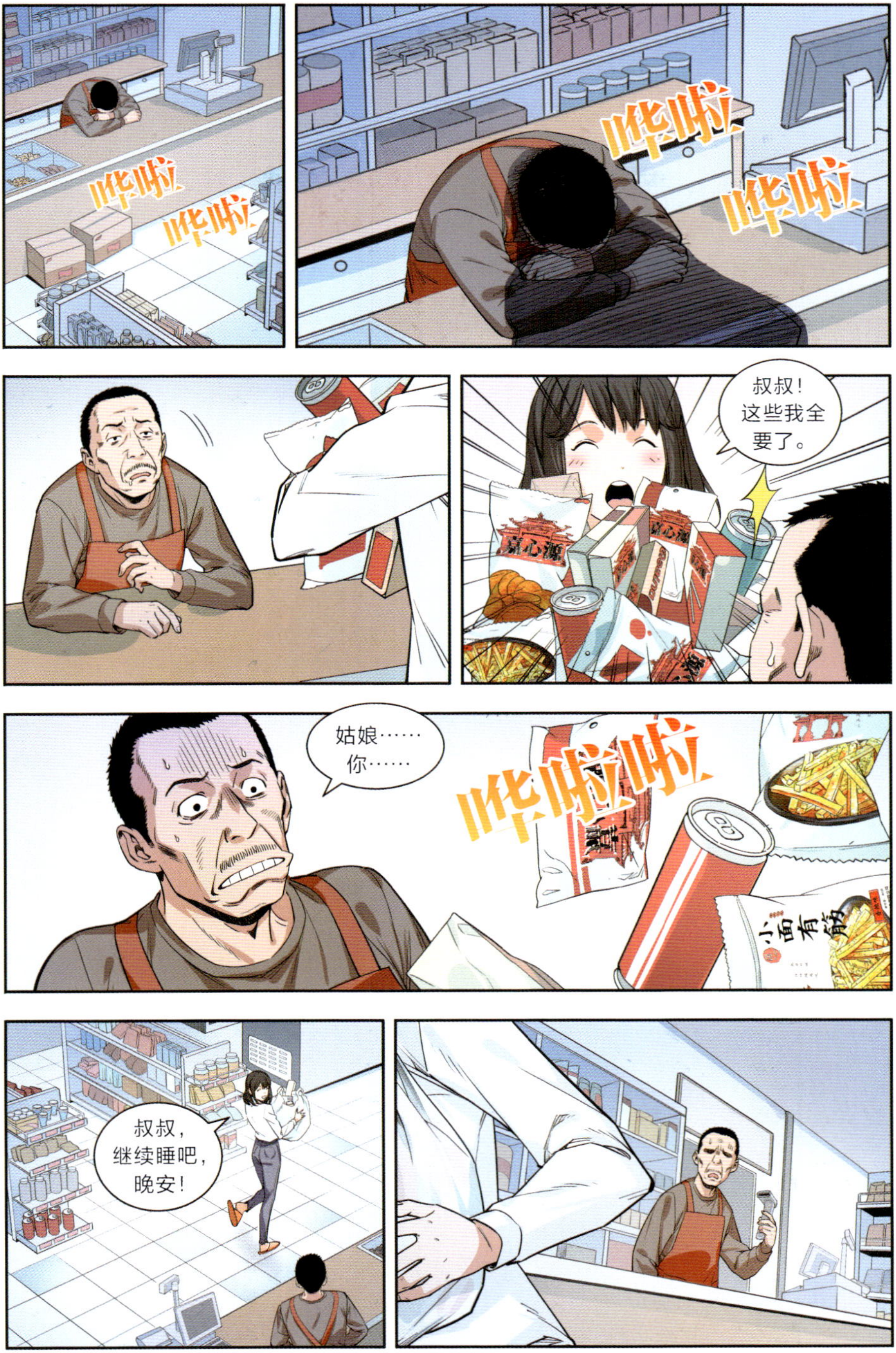

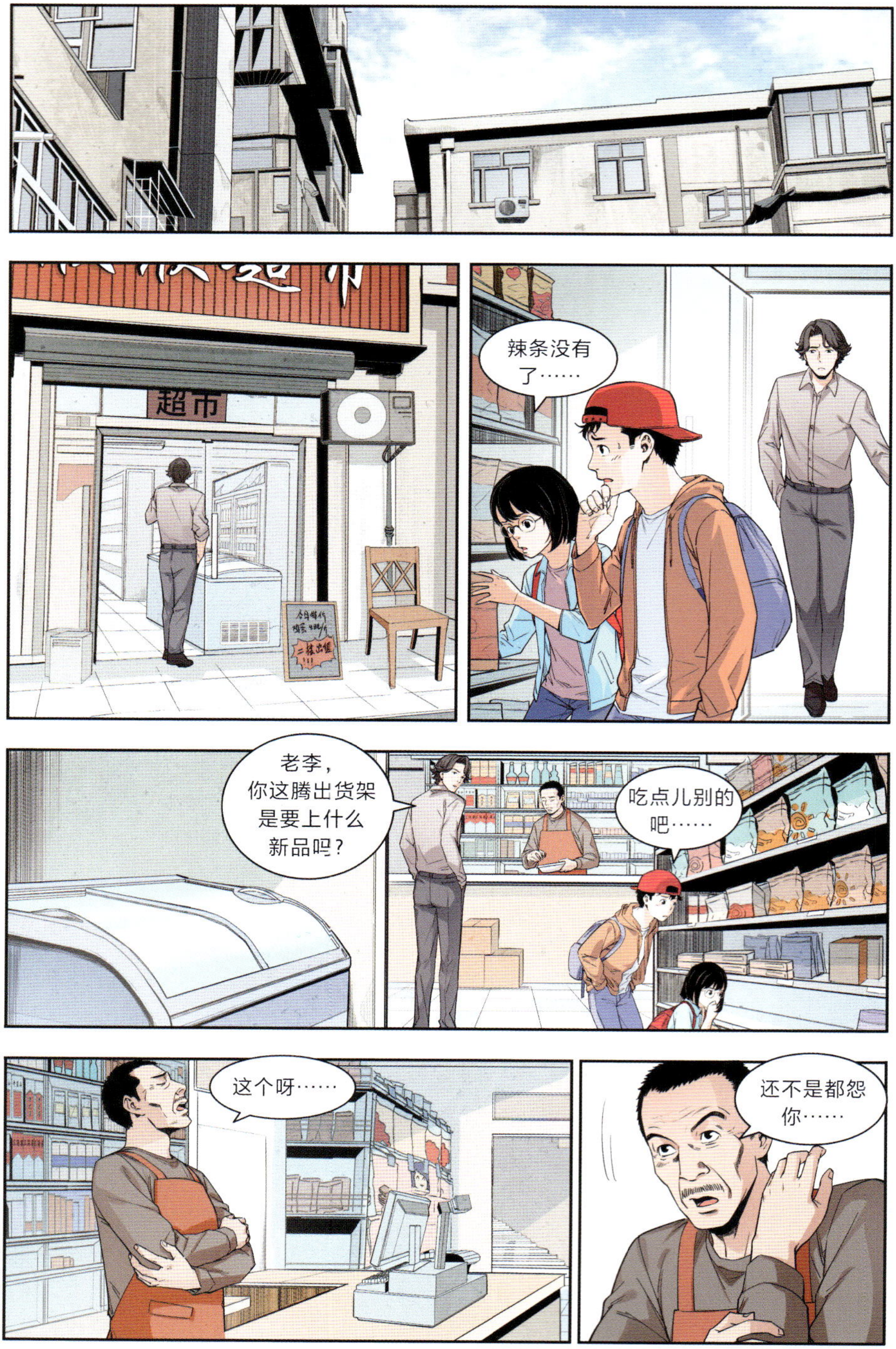
超市
辣条没有了……
老李，你这腾出货架是要上什么新品吗？
吃点儿别的吧……
这个呀……
还不是都怨你……

欣欣超市
理发店
超市
什么？你说她租了二楼宿舍？还把店里的存货都买光了！
不瞒你说，这两天，我没见过这个丫头正经吃饭……
她是疯了吗？
是啊，从早到晚跟疯了一样吃那些零食……
是不是被你刺激出毛病了？
要不……你还是去劝劝吧……

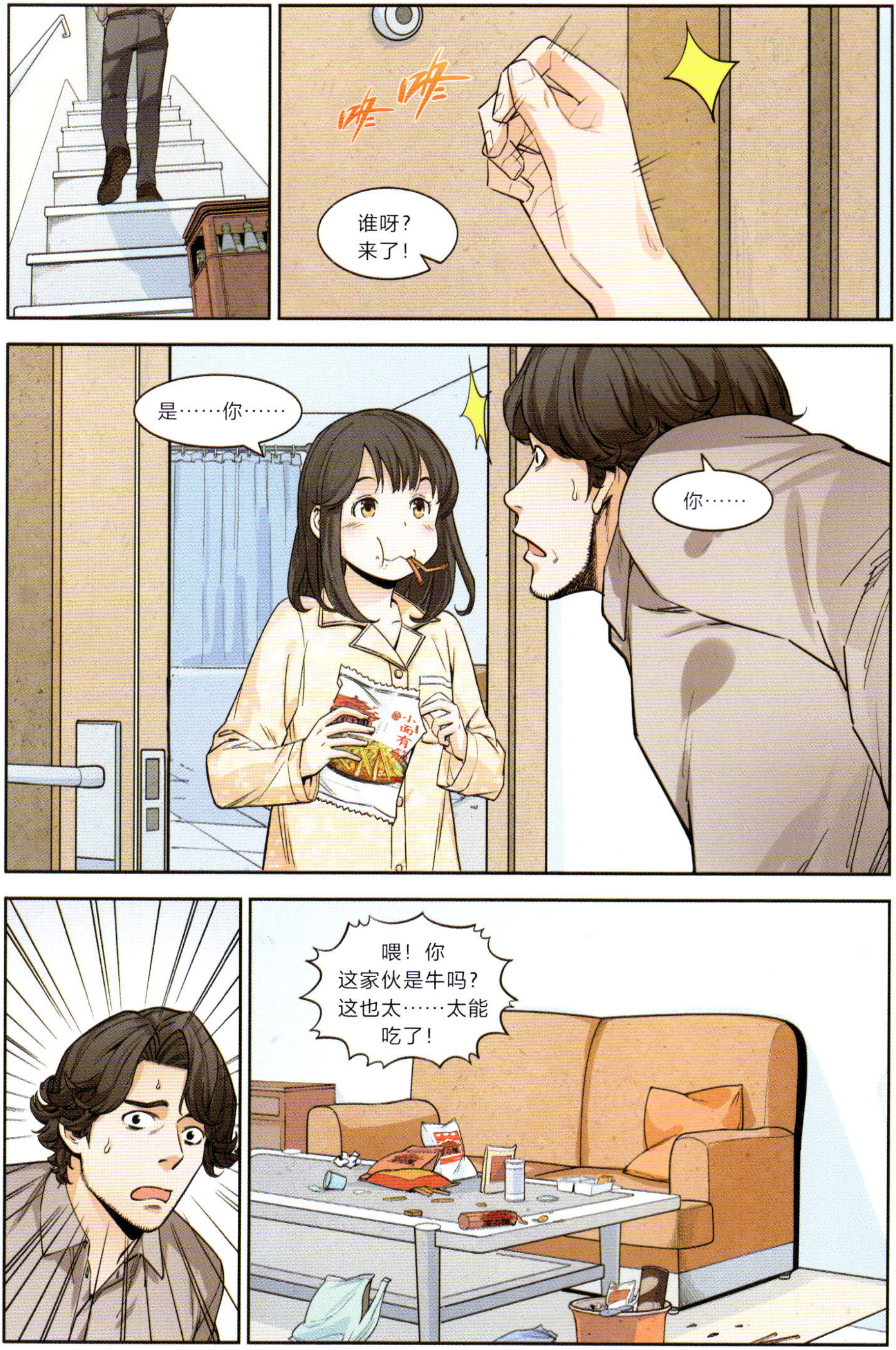
咚咚
谁呀？来了！
是……你……
你……
喂！你这家伙是牛吗？这也太……太能吃了！

我把嘉心源所有的产品都认真试吃了一遍……
全……全部……
是呀！请进吧……
不过，没想到会来人，有点儿乱，我收拾一下……
既然你吃了这么多，有什么发现吗？
有啊……我发现嘉心源的辣条
已经不是小时候的味道了……

他们家的其他零食感觉也都没有印象中的好吃了……
是吗？具体说说……
这个……不太好说，不是太甜就是太硬……
要么就是口味偏重……
总之，就是感觉不对！你说，是不是嘉心源出了问题？
但，我也说不好……
真是个笨蛋……

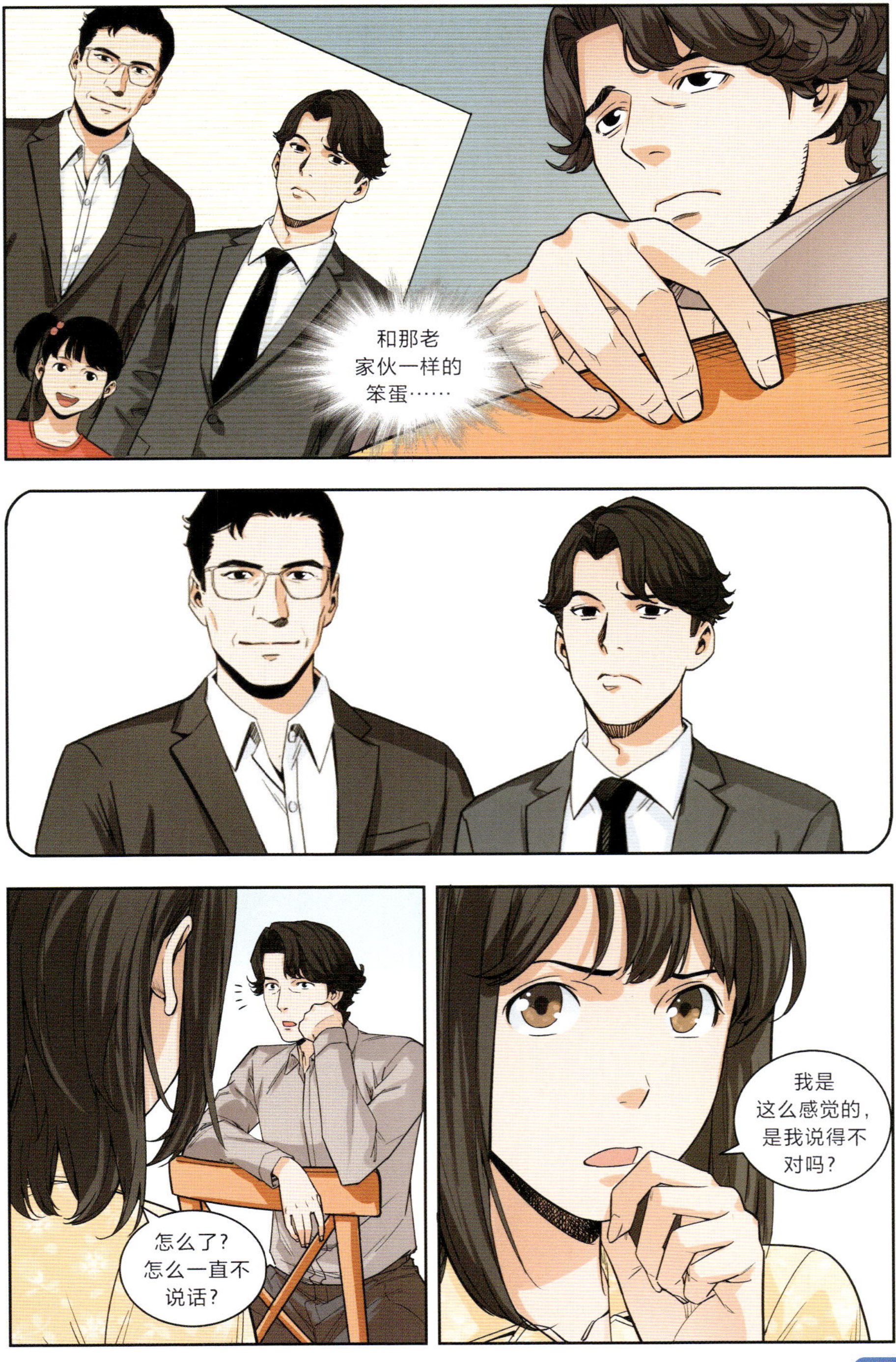
和那老
家伙一样的
笨蛋……
怎么了？
怎么一直不
说话？
我是
这么感觉的，
是我说得不
对吗？

真是没办法，好吧，就帮你一次……
真的？
但是，我不会回隐星任职……
不回隐星？
而且你告诉李轶君，接下来关于嘉心源的调查……
必须全听我的。
无条件听我的！

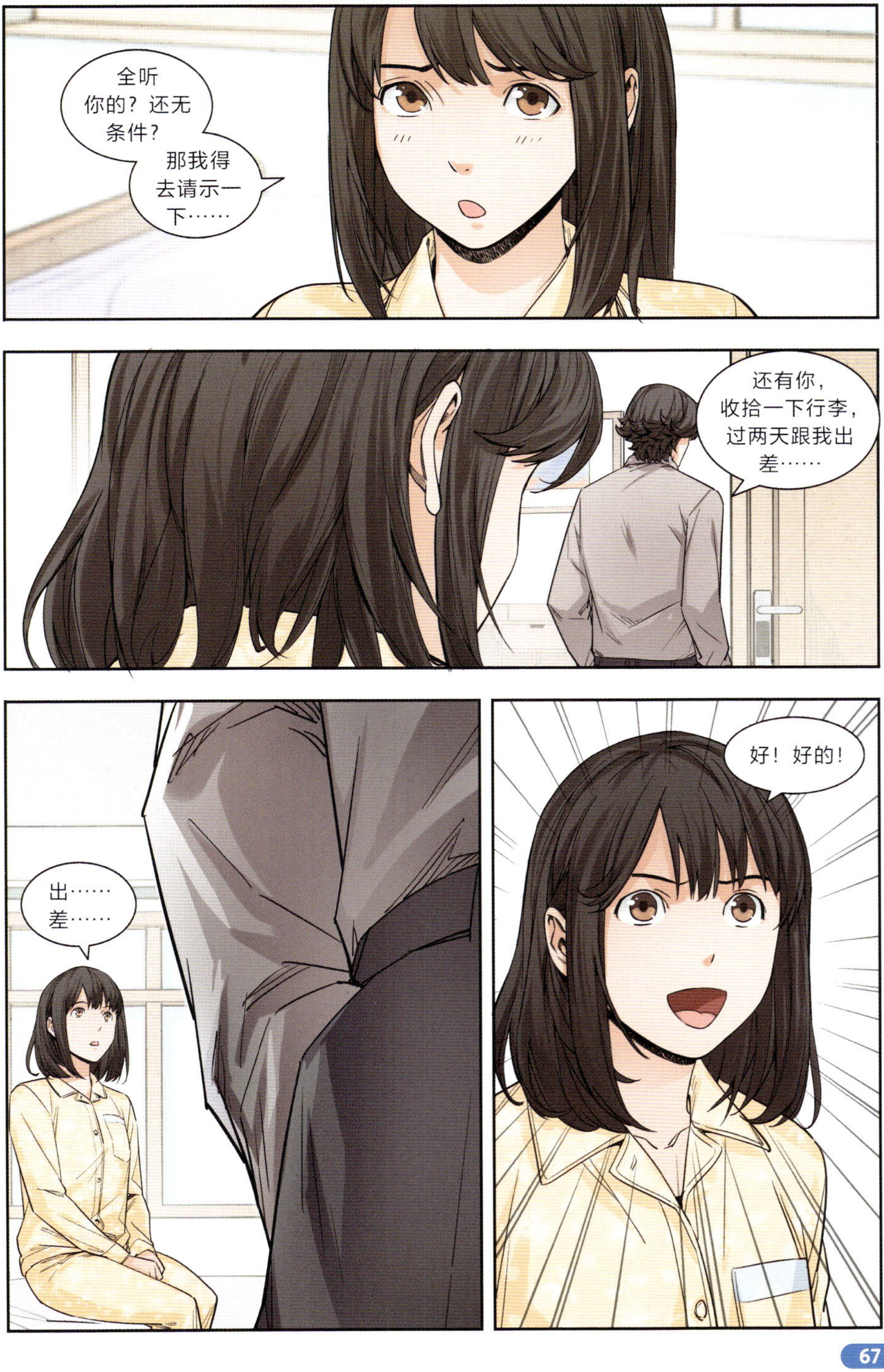
全听你的？还无条件？
那我得去请示一下……
还有你，收拾一下行李，过两天跟我出差……
出……差……
好！好的！

咱们要去哪里呀？
到时候会告诉你的……
对了，你知道你爹当初是凭什么靠马应龙的股票狠狠赚了一笔吗？
凭……凭什么？
这两天还是吃些清淡的东西吧……
据说，痔疮是会遗传的……
痔……

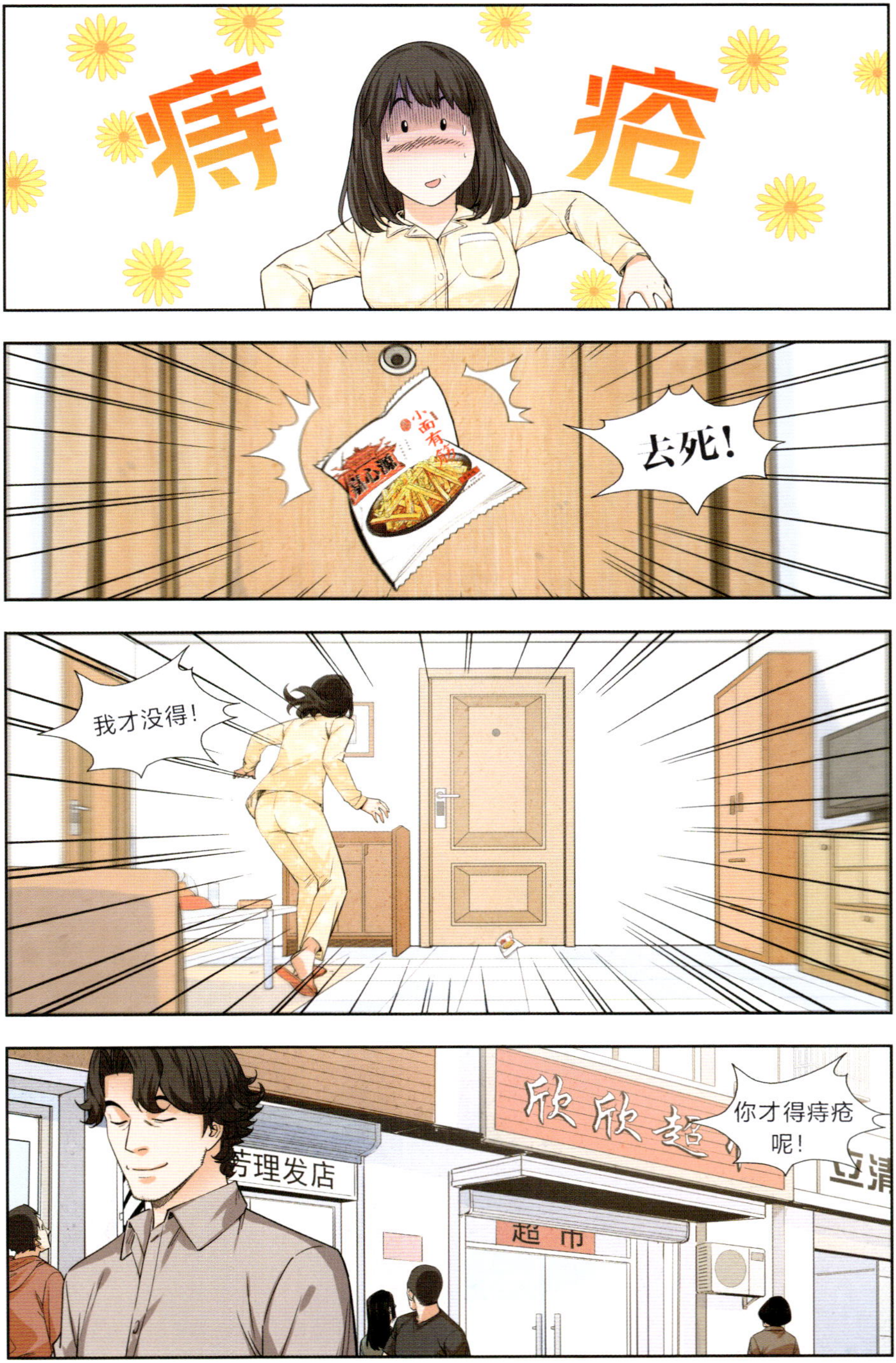
痔
疮
去死！
我才没得！
你才得痔疮呢！
欣欣超
理发店
超市

进阶吧！投资者课堂

雪球 出品

今天我们请来的主讲人是雪球资深用户——陈达美股投资，请他分享使用雪球的方法。

大家好，我是陈达。

如何用雪球做投资？

雪球是投资者世界的万花筒，既提供信息价值，又提供交易工具，更提供情绪价值。

刷雪球是感受市场脉搏的好办法。

我是一个长期分散投资的实践者，按理说是不用天天刷雪球的，因为1%的交易日会完成99%的大行情。

比如标普500指数，如果把每10年里最好的10个交易日都去掉，那么20世纪30年代以来，总收益就才不到30%。

所以你不需要去操盘，只需要等待，保证自己在最好的交易日到来的时候有大仓位就可以了。

但碰巧我的职业和工作要求我每天了解市场脉搏，这就使得我不得不凝视市场。
市场脉搏
所以虽然我不看线，但是我看行情，看雪球上的行情，看雪球上的情绪。
他们会感染我，但是不太会影响我的交易行为。我仍然是那个屁股坐得住的长期投资少年，除非公司的基本面严重恶化，我才会考虑卖掉持有的股票。
我在雪球上结识了很多志同道合的人，很多人一起来滚雪球，相互陪伴。
雪球也是一个基金交易的好平台，这里不仅可以买到品类齐全的公募和私募基金，同时还有雪球出品的特色基金产品。
很多基金经理都愿意在雪球上分享自己的投资策略，这对基金投资者来说很有价值。
雪球还给大家提供了一个记录理念变化、验证投资能力、分享投资哲学的机会。
另外，多看看雪球的推荐和今日话题的文章，毕竟雪球是长期价值导向，而不是短期炒作导向，调性与哲学都反映了比较成熟的投资理念。
而且，雪球上的大多数文章都是事实信息大于观点信息，是比较好的获取有价值的事实信息的渠道。

风险提示：漫画内容仅供参考，不构成投资建议，相关观点及意见不代表雪球立场，亦不代表雪球对其中任何行业或相关公司的判断。内容中数据来自万得。

第四话
走！辣条发源地

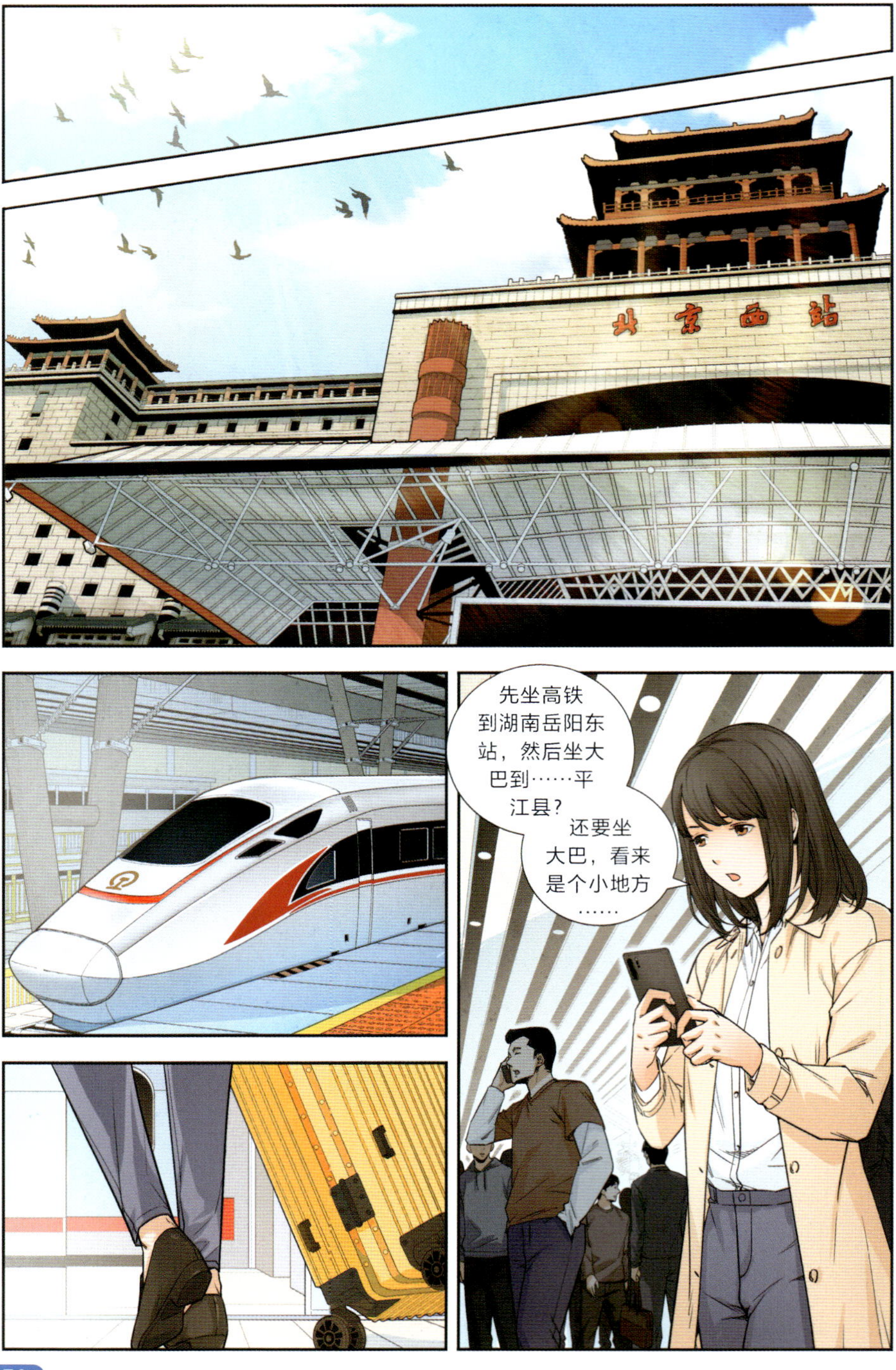
北京西站
先坐高铁到湖南岳阳东站，然后坐大巴到……平江县？
还要坐大巴，看来是个小地方……

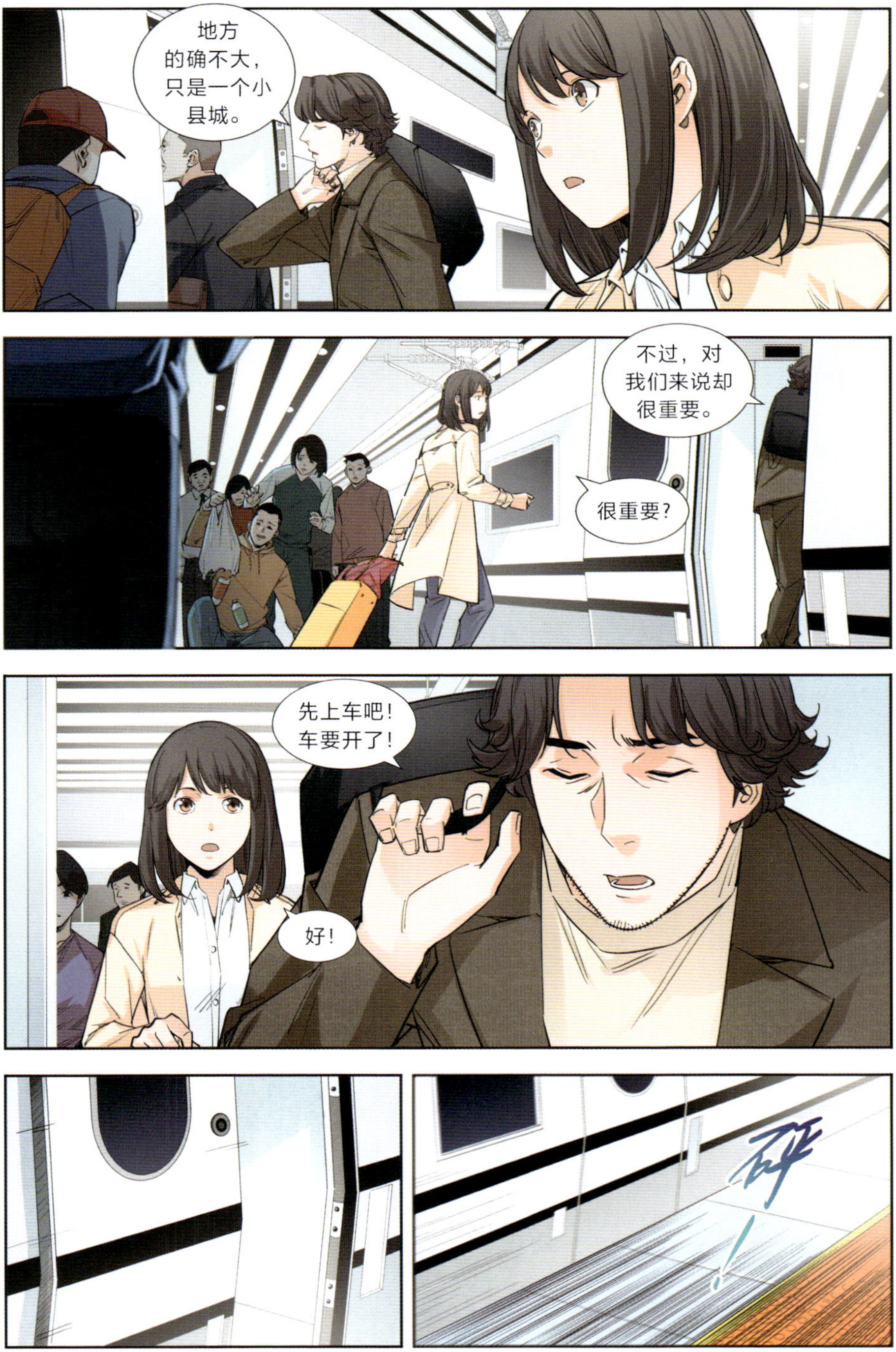
地方的确不大，只是一个小县城。
不过，对我们来说却很重要。
很重要？
先上车吧！车要开了！
好！
砰！

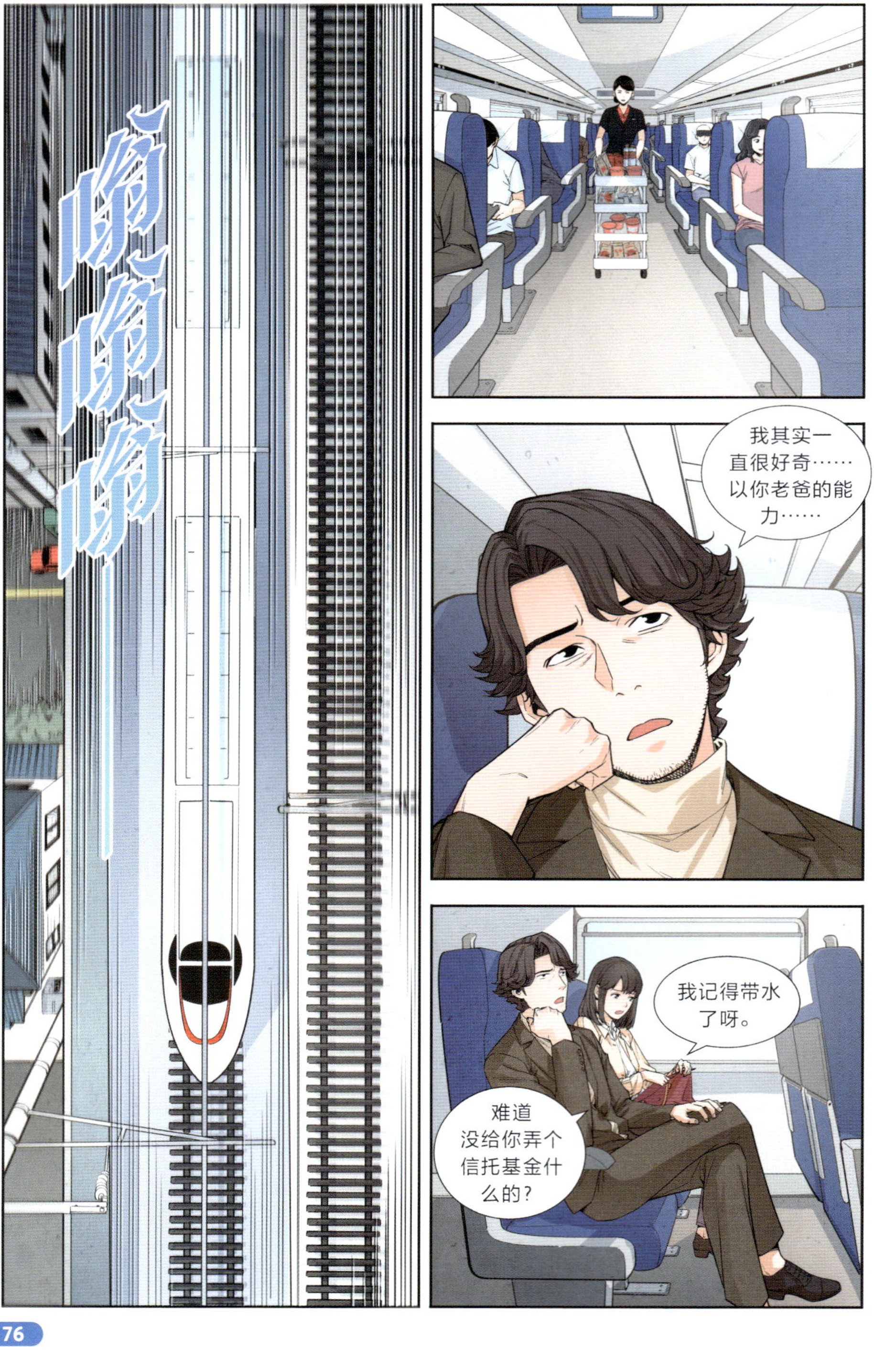
嗡嗡嗡——
我其实一直很好奇……以你老爸的能力……
我记得带水了呀。
难道没给你弄个信托基金什么的？

我拒绝了！
拒绝？
应该带了的……
真是个蠢货！
他要知道你现在天天蹲在便利店楼上的小黑屋里吃辣条，不得气得活过来！
要你管！

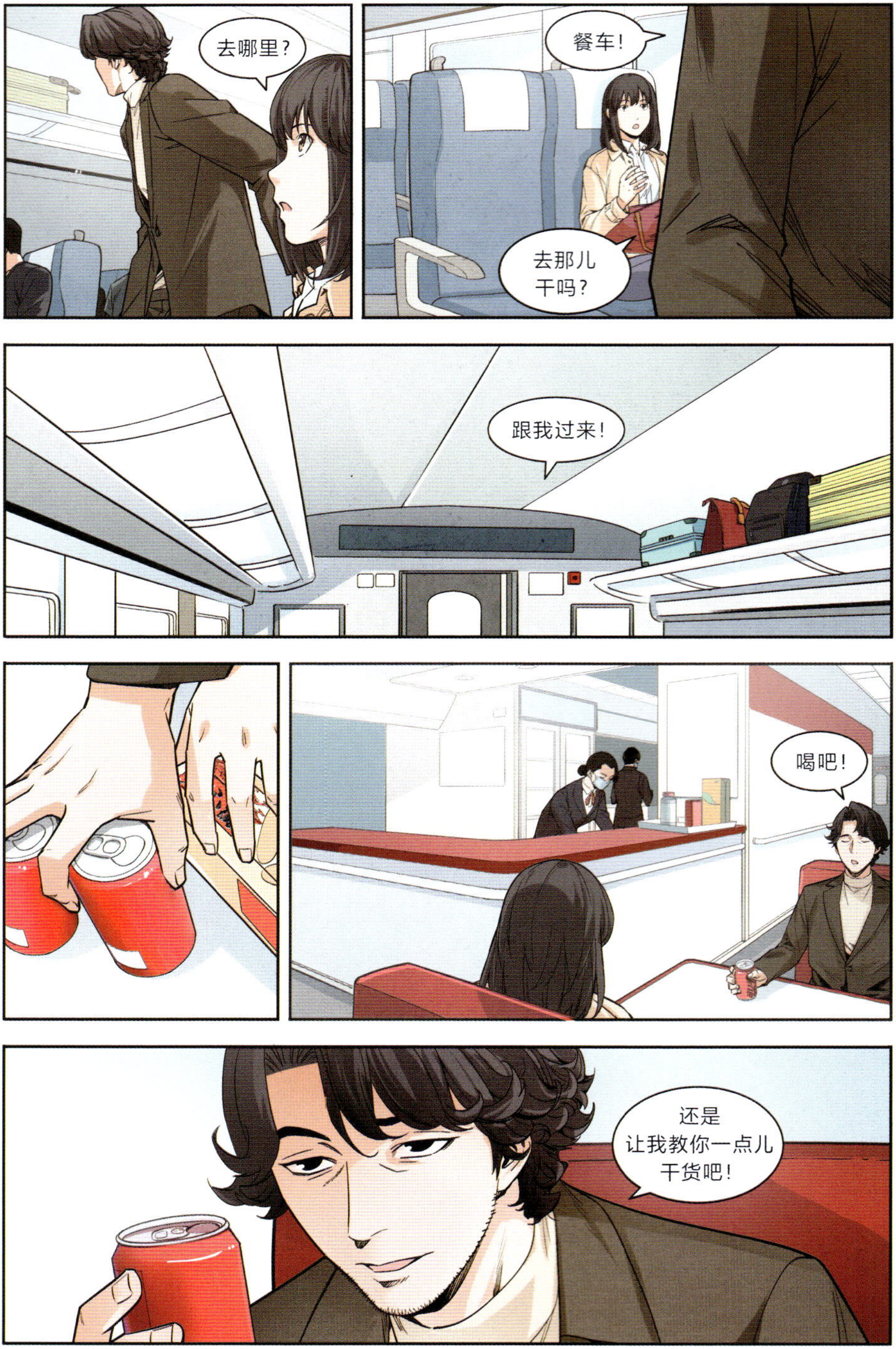
去哪里?
餐车!
去那儿干吗?
跟我过来!
喝吧!
还是让我教你一点儿干货吧!

免得你这么笨被饿死！
哼！
怎么这么难打开……
虽然上市公司的财报在格式和内容上受到监管机构的严格规范和限制，
还有审计机构担保，并且的确能成为重要的投资决策参考……
但财报是静态的，生产经营却是动态的。
咔
所以，你要是只靠财报来判断一家公司的投资价值，一定会亏死。

而且……财报还有造假的风险。
那应该看什么呢？
那可就太多了……
品牌资产、组织管理、上下游渠道掌控力、市场空间等，这些都无法通过财报去判断。
包括如何验证财报上的一些数据是否准确，也有很多学问……
先不要想一口吃个胖子，
还是可以先从财报入手的。不过……
你最好同时研究一下行业内其他公司的财报。

看看其他公司都在做什么，
行业内有怎样的趋势，又有什么变化。
横向对比，这很重要……
可读财报实在是太费时间了。
一份年报要看好几个小时，还要再看其他公司的，那……
所以，你才要带着自己的思考去读。
知道在某个行业内什么指标最重要，哪些部分可以跳过，要把哪些数据联系起来……

对了！你有没有关注过嘉心源的ROE水平？
嗯……之前在学校好像学过。
净资产收益率呀！
公司净利润除以净资产，当然，你要扣除折旧和债务。
ROE越高，说明公司目前的盈利能力越强，这是一个非常关键的指标。

嘉心源的ROE，让我算算……
嗯……应该在15%左右。
算得挺快啊!
15%，这个表现怎么样呢?
可以呀！你这金融专业没白上啊!
15%其实已经很不错了。
而且，目前嘉心源的经营思路有问题……

营销成本高企，技术上也没什么实质性突破……
ROE还能达到这个水平，潜力是很大的。
光知道ROE高还不行，得知道为什么高，有很多无形资产是很难量化的。
比如品牌……
嘉心源作为一个20年的老品牌，是整整一代人的童年回忆，它的辣条之前一直保持着品控严格、口味正宗的形象。
在国产品牌中，这是很难得的……

这是新进入的竞争者很难在短时间内打造出来的。
所以，它能赚取1块钱利润的产品……
可能同行的利润只有几毛钱。
所以，这就是爸爸投资这家公司的理由？
这……只是个开头而已……

话说，你知道咱们为什么要去平江吗？
我想可能因为嘉心源食品是靠做辣条起家的，我记得平江是国内重要的辣条生产基地……
回答勉强算合格吧！
其实平江是中国辣条的发源地。
发源地？辣条是流传了很久的传统小吃吗？
你现在吃到的绝大多数食物都是工业化时代的产物。
平江在20世纪90年代还是个贫困县，虽然有不少生产酱干和豆筋的作坊，但效益一直不温不火……

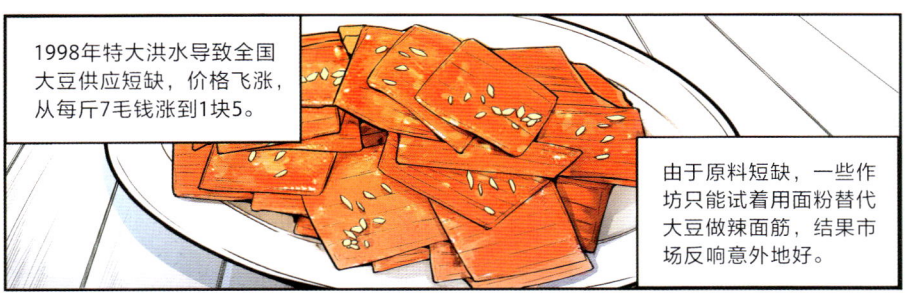

1998年特大洪水导致全国大豆供应短缺，价格飞涨，从每斤7毛钱涨到1块5。

由于原料短缺，一些作坊只能试着用面粉替代大豆做辣面筋，结果市场反响意外地好。

这才确定了辣条的基本配料。

原来是这样，辣条和我年纪差不多呀……

虽然之后他们又拓展了很多高价零食的产品线，但至今嘉心源近一半的销售额依然来自辣条。
辣条这么便宜的东西，总感觉赚不到什么钱……
恰恰相反。
辣条做成大产业
现在中国辣条产业的市场规模已经发展到每年超过600亿元，这可是巧克力市场规模的好几倍，占据的国内零食市场份额超过10%。

而平江一个地方，就占了200亿元。
吃辣条，去平江
平江辣条，有热度，才够劲
全国上千家辣条生产企业，90%都是平江人开的……
真是个神奇的地方。但是，这些和投资嘉心源有什么关系？
平江
你记住，永远不要投资你不了解的领域。

湖南平江
不过，我还是觉得不可思议，轶君总居然毫不犹豫地答应了你的要求……
那是当然。
你有没有听过这么一句话，管理投资的仓位……
就像一个餐厅的厨师长管理冰箱。
冰箱？
就像投资一样，很多笨蛋常常忘记自家冰箱的库存，每当看到机会都忍不住出手，结果错失了在最佳时间将优质食材送上餐桌的机会。

而那些生意兴隆的餐厅，冰箱的库存被管理得井井有条……

优秀的厨师长会根据心中的菜单，计算和管理好每日食材的库存，确保用最新鲜的食材做出每道菜。

隐星现在的状况就像厨师长构思好了菜单，也完成了采购，然后忽然消失了。餐厅经理却不知道冰箱里那些食材的特性，以及应该如何用它们制作美食。

我还以为股票只要买和卖就可以了……

对个人投资者而言，可能确实如此，但隐星作为一家大型私募基金公司，能做的事比普通投资者多得多……到时候你就知道了。

老家伙，
还是这么擅
长给人出难
题……
哈哈，
说到美食，我都
饿了，回国之后，
就没怎么吃过
好吃的……
咕噜噜
你还
真……是个吃
货……
那好吧！去
吃饭。
太棒了，
咱们去吃
什么？
都到平江
了，当然是吃
辣条。
不要啊……

进阶吧！投资者课堂

食品行业的投资价值

今天请来的主讲人是银华基金的基金经理——王帅。

他拥有丰富且专业的食品行业投资经验，请他聊一聊食品行业的投资价值。

大家好，我是王帅。

- 产品力
- 品牌力
- 渠道力

投资食品行业就是买壁垒，高壁垒意味着高重置成本，进而保障盈利的内生性、持续性，也是食品行业"长坡厚雪"的主要原因。

我们一般从产品力、品牌力和渠道力三个维度分析食品行业的投资价值。

从产品看，壁垒一般来自技术和规模优势。

在食品饮料行业中，下游企业端客户的生意、涉及微生物发酵的生意具备较高的技术壁垒。

下游企业端客户专业化程度高，对产品的要求也高，并且通常还需要提供跟产品配套的服务。

规模优势 **低成本**

微生物发酵的变量较多,生产稳定的、符合需求的产品需要较高的技术并持续改进。从规模优势来看,大规模生产食品能显著降低成本:一方面,采购规模大对上游具备更强的议价力;另一方面,销量增长能摊薄固定成本。规模优势实现的低成本,使公司在同品质的条件下定价低于竞争对手,从而成为更多消费者的选择。

没有规模就意味着要忍受渠道超高的扣点率,并且自己的产品极易被抄袭和模仿。大企业会把性价比定在最优点上。

以碳酸饮料为例,尽量卖得便宜是它的一个撒手锏。

碳酸饮料行业技术含量不高,大企业会尽力降低价格,把利润压得很低,让碳酸饮料市场变得无利可图。

从品牌看,食品细分龙头最终能形成一定的"品牌等于品类"的消费者心智。不同于奢侈品,如皮具、高端白酒,品牌力来自差异化,差异越大,品牌的自主定价能力越强。

食品的品牌力更多地来自消费者的高渗透率、广泛认知,从而降低解释成本。

消费者心智 **品牌力**

品牌壁垒

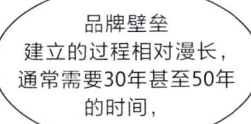

品牌壁垒建立的过程相对漫长，通常需要30年甚至50年的时间。

从渠道看，消费品公司成长过程中，通常在产品力相对较强的时候，先通过渠道力的提升建立壁垒，再逐步过渡到品牌壁垒。

渠道力强可使产品更易触达消费者，提升曝光度。

长期来看，食品行业需求相对稳定，受益于经济发展，消费持续升级，叠加成本周期驱动提价，均价持续增长从而提升盈利能力。

食品行业投资需要关注产品力、品牌力和渠道力三个维度的投资价值。你如果看好食品行业的发展，可以在你的基金投资组合中合理配置一些投资食品行业的基金。

怎么看一只基金是不是投资了食品行业呢？你可以在雪球上搜索一家上市公司，例如嘉心源，那么投资了嘉心源的基金列表就会跳出来。

风险提示：市场有风险，投资需谨慎。漫画内容仅供参考，不构成投资建议，相关观点及意见不代表雪球及基金公司立场，亦不代表雪球对其中任何行业或相关公司的判断。相关课程由雪球团队提供，不代表银华基金立场。

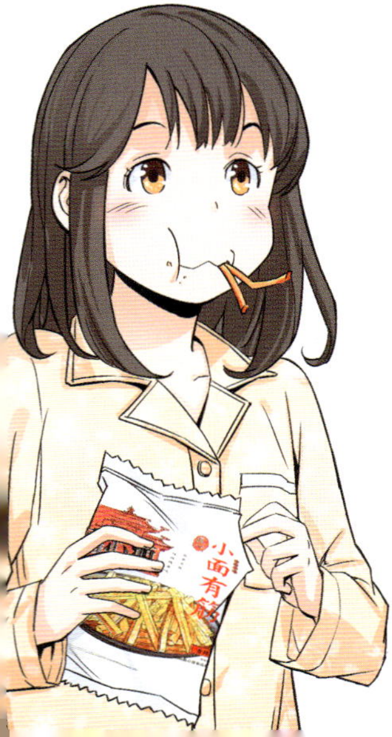
小面有筋

第五话
被误解的40年

哇！这里风景好漂亮啊！

咦？这……

平江县城还有这么好的地方呀！

这也……也太丰盛了！
你这个吃货……
水深危
湖景
咱们是要招待什么人吗？
如果想要深入了解一家公司，一个行业内的专家顶一百个专业分析师……
所以，我们要请的是……
小陈！

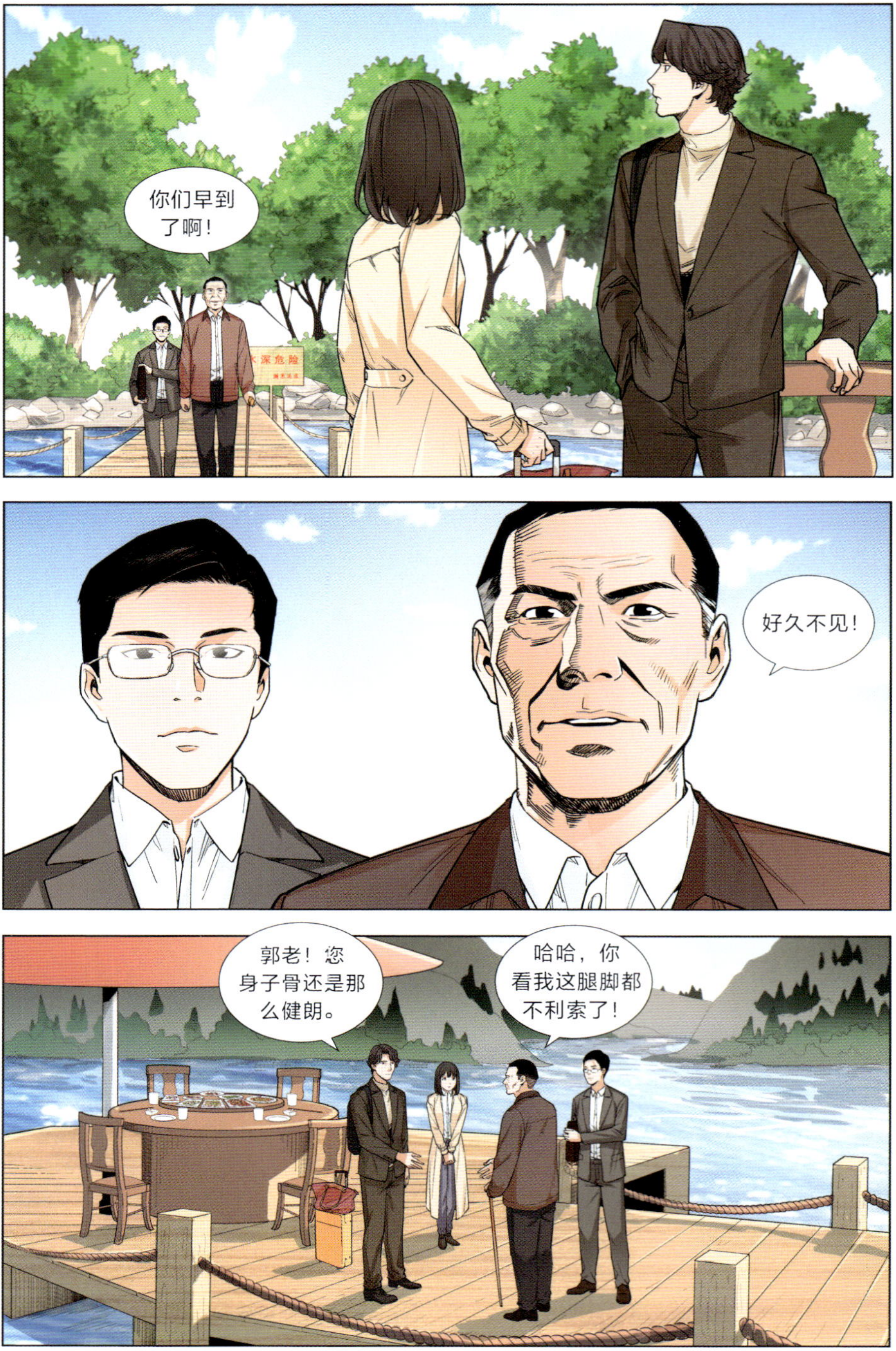
你们早到了啊！
好久不见！
郭老！您身子骨还是那么健朗。
哈哈，你看我这腿脚都不利索了！

前阵子，
几个老战友还
来找我，约我闲下来
跟他们钓鱼去
……
对了，介绍
一下，这位是苏夏，
瓦赫宁恩大学食品工程
学博士，跟了我好几年
了，在这一行绝对
是行家。
您好！
这位是
小陈，很棒的
投资人。

这位小姐是……
她是老甄的女儿。
郭老好，我叫甄真，在隐星基金工作。
唉，当年我们厂子引进制药级辣条生产线的时候，
墨言可是帮了我们很大的忙啊。

小姑娘，节哀顺变啊！
没事的，她这心可大了！
刚才还吵着说要馋哭了！
胡说！
来！先入席吧，咱们边吃边聊。
郭老，您刚才说制药级的生产线……

是做
辣条像配药
一样吗？
嗯，是的。
来考考你，
辣条的配方里，
最关键的是
什么？
配方？
嗯……
是辣椒粉
吗？
对了，
配料表里还有
胡椒、花椒、
小茴香……
八角、桂枝、
香叶之类十几种
香料吧，我记得
的……

不对哦……
其实，每家辣条生产厂家使用的香辛料成分大同小异。
但辣条之所以能用素食模拟出接近肉食卤菜的口感和香味……
味精
高纯度细晶
最关键、最不可替代的配料是味精！
味精？是不是配料表里的谷氨酸钠？
味精吃多了对身体不好吧，小时候奶奶总念叨，做饭时少放味精、少放味精……

不是这样的！
那是20世纪七八十年代一个广泛流传的谣言……
说味精吃多了会致癌，还让人掉头发，始于国外媒体以讹传讹的报道。
这件事在我们的报纸杂志上也一度闹得沸沸扬扬。
弄得不少老一辈到现在还没转过弯儿来，真是让人头疼……

不过，早在1987年，世卫组织就确认了味精的安全性。

那时候，味精在咱们国家可是很稀罕的东西……

哈哈，我年轻的时候就在一家国有味精厂当技术员。

我记得在20世纪90年代初，我国味精的年产量只有22万吨，还不到现在的1/10。

那时候为了提升产量，我国专门从日本的味之素公司引进了谷氨酸温敏型菌种，可该菌种传代至三代之后会严重退化，还要花巨资再次购买。

后来，我国科学家经过多年的大规模筛选和遗传育种，终于培养出了产率高、性状稳定的国产菌种，味精的产量才逐渐提上来。

另外，生产工艺也是核心，20世纪60年代，日本发明了双酶法制糖工艺，并用它替代过去的酸法制糖……

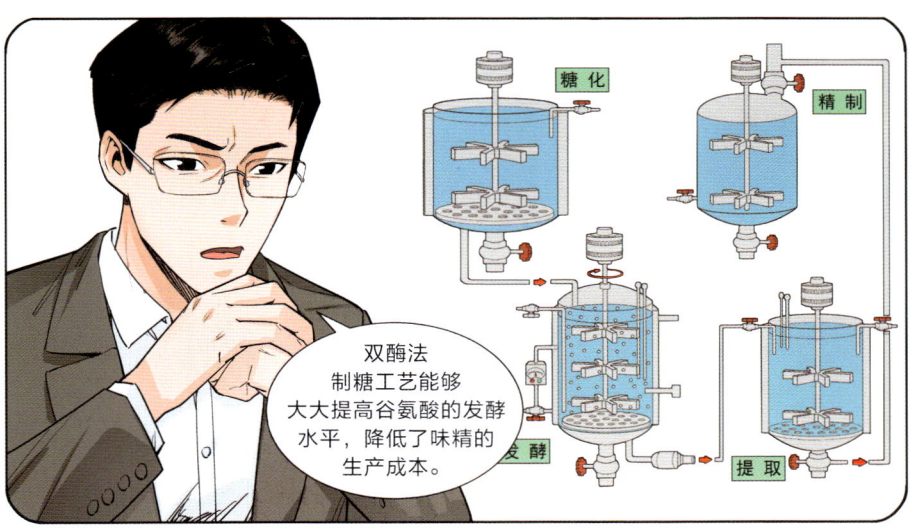

糖化　精制

双酶法制糖工艺能够大大提高谷氨酸的发酵水平，降低了味精的生产成本。

发酵　提取

恰逢一位华裔日本人发明了方便面，有了味精的加持，直接促成了20世纪60年代日本方便面产业的爆发……

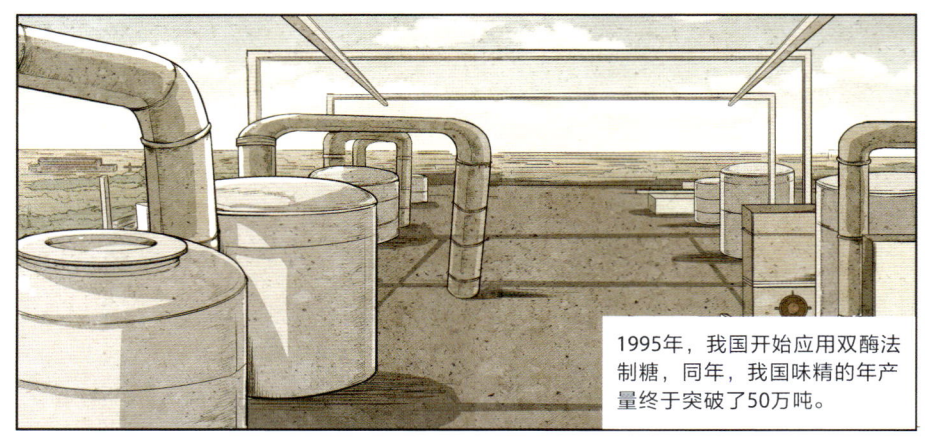

1995年，我国开始应用双酶法制糖，同年，我国味精的年产量终于突破了50万吨。

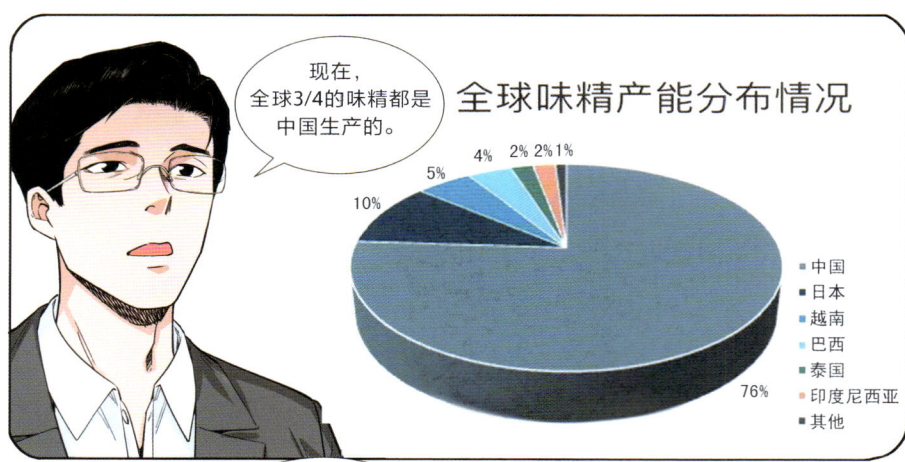

现在，全球3/4的味精都是中国生产的。

全球味精产能分布情况

- 中国 76%
- 日本 10%
- 越南 5%
- 巴西 4%
- 泰国 2%
- 印度尼西亚 2%
- 其他 1%

唉！不容易啊，看似简单的味精，用了几十年才终于走进咱寻常百姓家。

当时很感慨，我们的技术差着国外一大截。

还记得我们组织去日本工厂参观，看他们把生产味精产生的废水经过处理排到池塘里养鱼。

110

还把鲜活的鱼捞出来招待宾客，那叫一个震撼……

没想到只过了十几年，我们就全都做到了……

原来，味精还有这么复杂的历史……

不只是味精，很多食品添加剂都经历了从只能依靠进口到全面自主生产……
甚至引领全球标准。
食品产业国际博
主办单位：
我们国家的食品添加剂行业，不再像当年那样落后、被外国技术碾压了！

食品添加剂
这个话题非常容易
被带节奏，我们需要
做出理性的判断。
事实上，
我们国家的食品工
业已经取得巨大
的进步……
这里也有
非常优秀的上市
公司，值得我们
去挖掘。
看来，
我对食品添加剂
一直都有很大的
误解……

如果你的认知还停留在“食品添加剂=不安全”这个水平，可能你就很难理解整个食品行业的投资逻辑了。
不过，技术只是一方面……
一种食品的流行，就像20世纪60年代日本的方便面一样，离不开时代的机遇。
20世纪末，中国的食品供应链落后，而辣条含水量低、渗透压高，不易变质，不怕挤压……
嘉心源

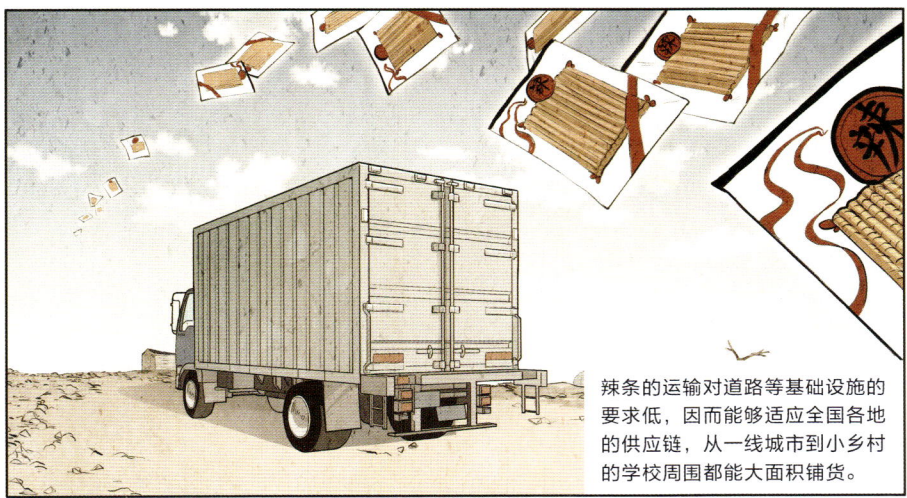

辣条的运输对道路等基础设施的要求低，因而能够适应全国各地的供应链，从一线城市到小乡村的学校周围都能大面积铺货。

20世纪90年代末，随着中国经济的增长，大多数中国小孩第一次有了"零花钱"的概念，这个概念起源于"压岁钱"……

所以到了今天，也只有咱们东亚的一些国家保有这样的习俗，不需要附加什么条件，孩子们就可以得到一小笔能够自由支配的财富。

年轻人又普遍偏爱重口味的零食，辣条正是在这个充满机缘的时间点，作为具有极高味觉性价比的零食，经过孩子们精打细算的挑选，从许多零食中脱颖而出的。

之后，互联网的兴起，让辣条在接下来的20多年里，多次成为网络热词，成为这一代人的集体记忆……
这种集体记忆和这么多年来始终如一的面筋品质与科学配料……
奠定了嘉心源食品的品牌基础。
你呀！有什么话就直说吧。

不急，
不如先让苏博士带
甄真参观一下现在
的生产线？
好呀！
从这里
开车十分钟就
到了。
甄小姐，请跟
我走吧。
太棒了，
有样品试吃
吗？
别卖关子了！
你到底想跟我
说什么？

进阶吧！投资者课堂

雪球 出品

今天请来的主讲人是擅长食品行业投资的雪球人气用户——市场价值者。

请她介绍一下，想投资食品行业，可以选择哪些类型的基金？

大家好，我是市场价值者。

想投资食品行业，可以选择哪些类型的基金？

食品行业属于主要消费品中的细分领域，对想要通过基金投资食品行业的投资者而言……

可以选择主动型基金和被动型基金（指数基金）。

今天，我就来着重聊一聊指数基金的投资。

指数基金里和食品行业相关的基金包括消费ETF、食品饮料ETF等

指数基金的投资紧密跟踪标的指数，一般采取完全复制指数的策略，而指数的成分股和权重都是公开信息，所以指数基金投资的透明度更高，其中ETF还会在每个工作日公布申购赎回清单。

ETF

例如消费ETF，它跟踪中证主要消费指数，那么整个基金就是完全配置在主要消费行业，其中权重占比最高的细分领域就是食品饮料。

食品

饮料

风险提示：漫画内容仅供参考，不构成投资建议，相关观点及意见不代表雪球立场，亦不代表雪球对其中任何行业或相关公司的判断。内容中数据来自万得。

第六话
成功说服

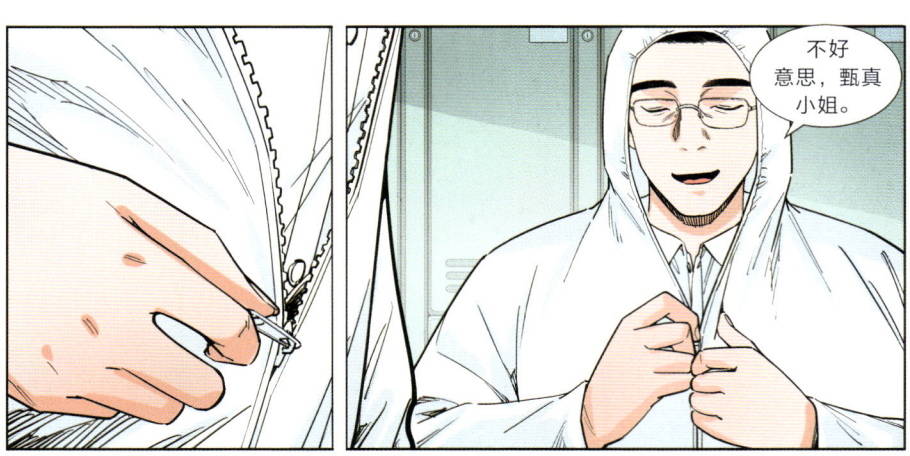

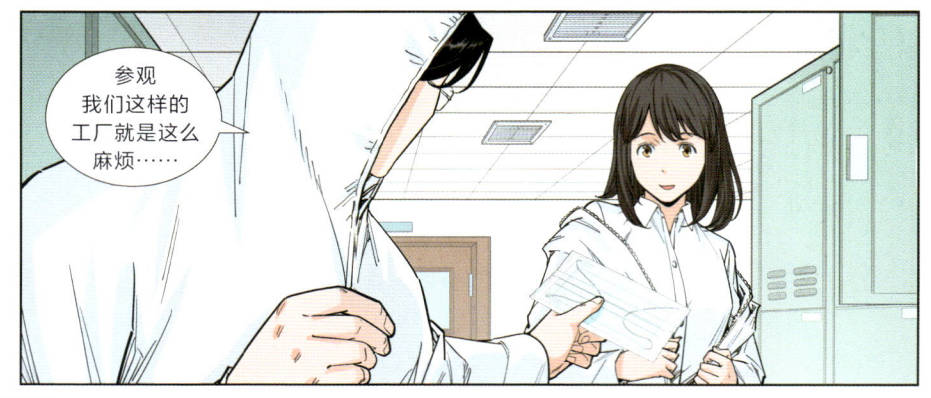

嘉心源工厂

不好意思，甄真小姐。

参观我们这样的工厂就是这么麻烦……

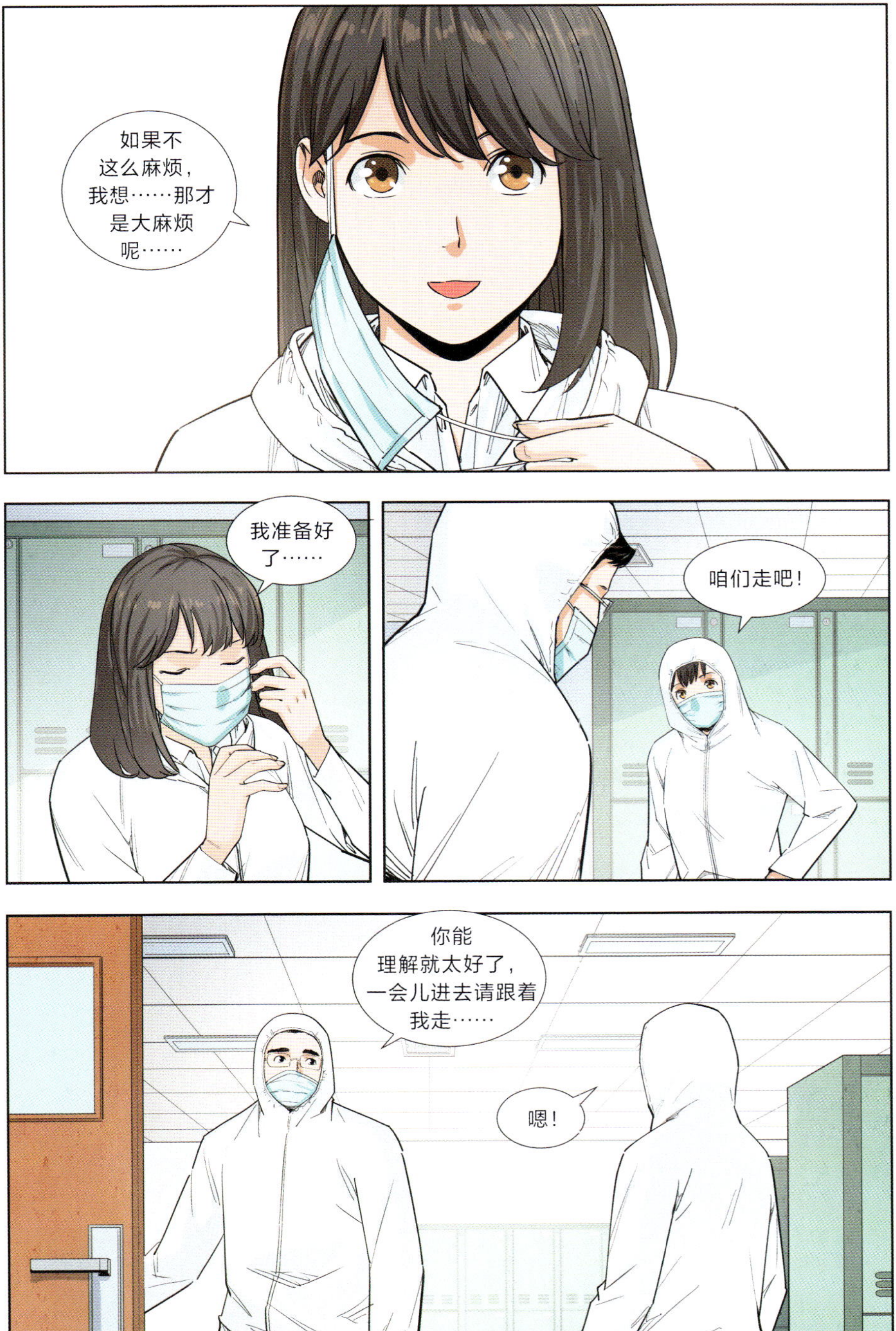
如果不
这么麻烦，
我想……那才
是大麻烦
呢……
我准备好
了……
咱们走吧！
你能
理解就太好了，
一会儿进去请跟着
我走……
嗯！

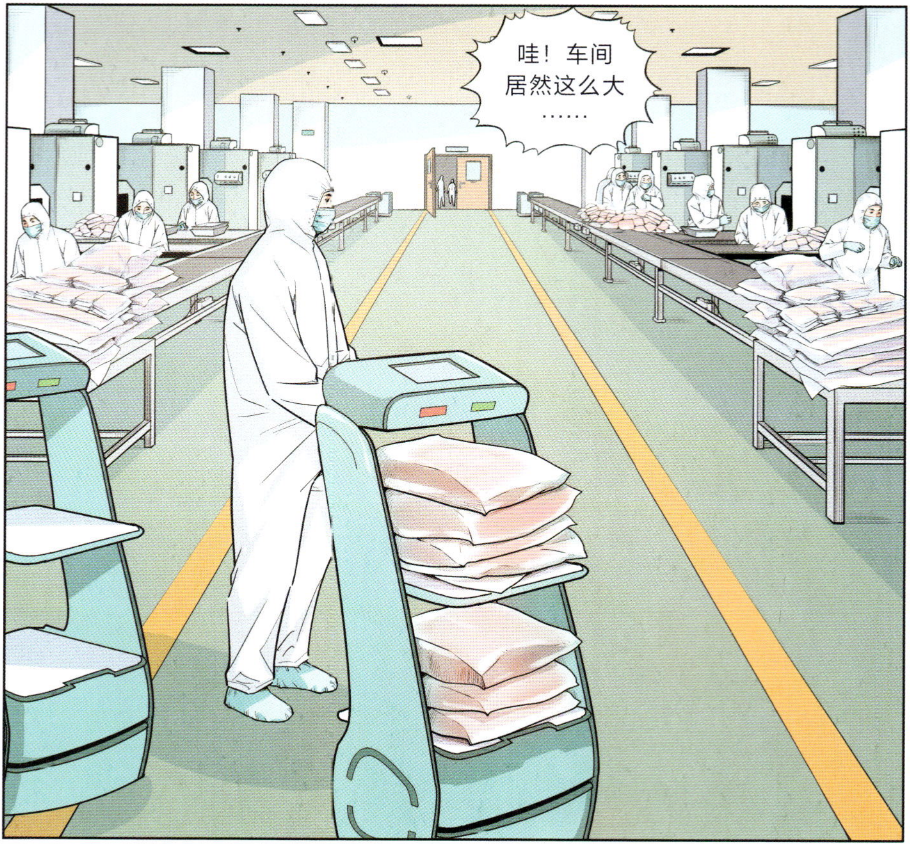
哇！车间
居然这么大
……

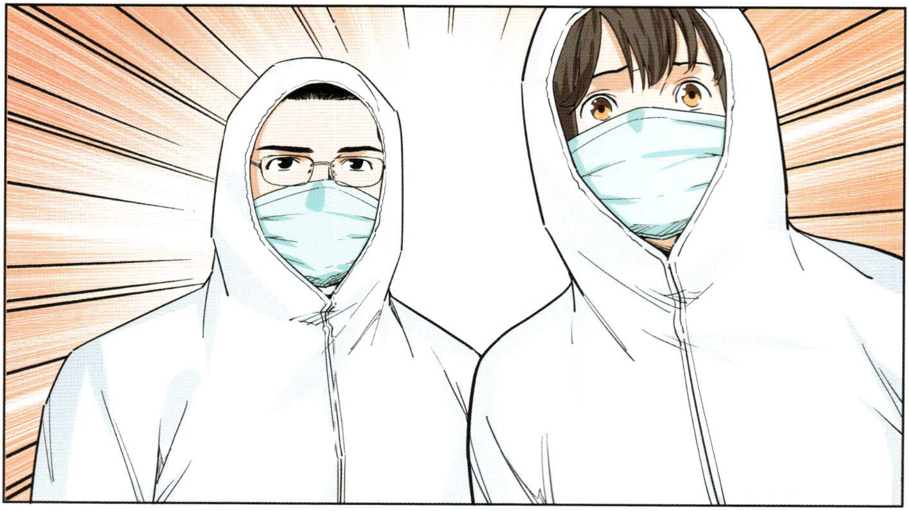

而且
每个角落都很
干净呀，我还以为
生产辣条的工厂会
到处都是辣椒
和油……
这是
一个标准化的
食品加工车
间……
标准化？
请沿着
中间的参观路线
走……

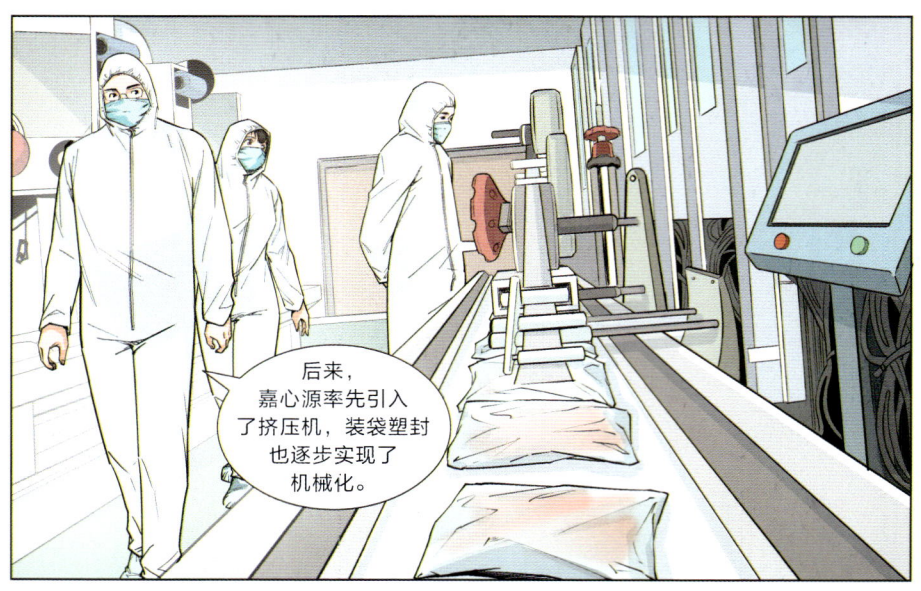

最早生产辣条都是用手摇设备制作，成本高、产量低，而且卫生难以保障……

还曾经在"3·15"晚会上被曝光，对行业造成了不小的冲击。

每日新闻　危险的辣条

后来，嘉心源率先引入了挤压机，装袋塑封也逐步实现了机械化。

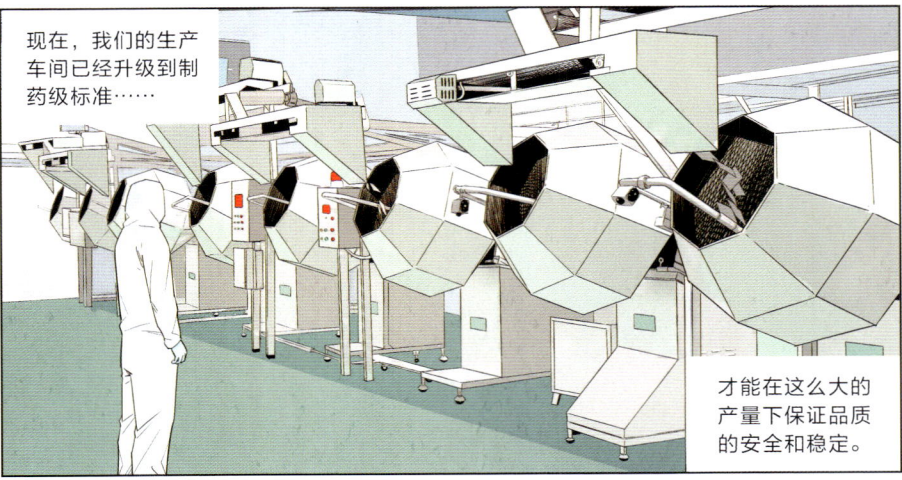

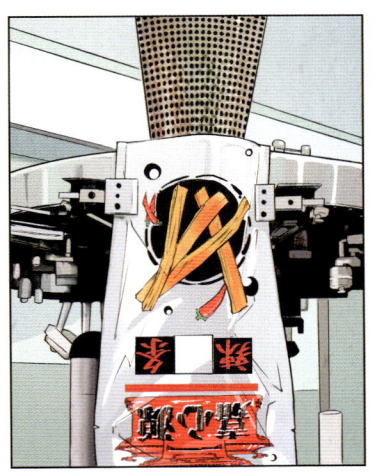

逐渐淘汰了传统手工作坊，辣条在食品安全方面才逐渐赢得了孩子和家长们的信任。

现在，我们的生产车间已经升级到制药级标准……

才能在这么大的产量下保证品质的安全和稳定。

感觉怎么样，甄真小姐？
很棒呀！
爸爸投资的是一家不错的企业，可为什么市场没有看到它的价值呢？
对了，那边还有免费品尝产品的区域。
免费品尝？
那还等什么，我们快过去吧！

品尝区
这里有嘉心源生产的大部分食品……
这些是传统口味的辣条。
有好多种我都没吃过呀……
还有一些是后来开发的其他产品。
这几年公司在产品的口味变革上下了不少功夫，但……
怎么样？

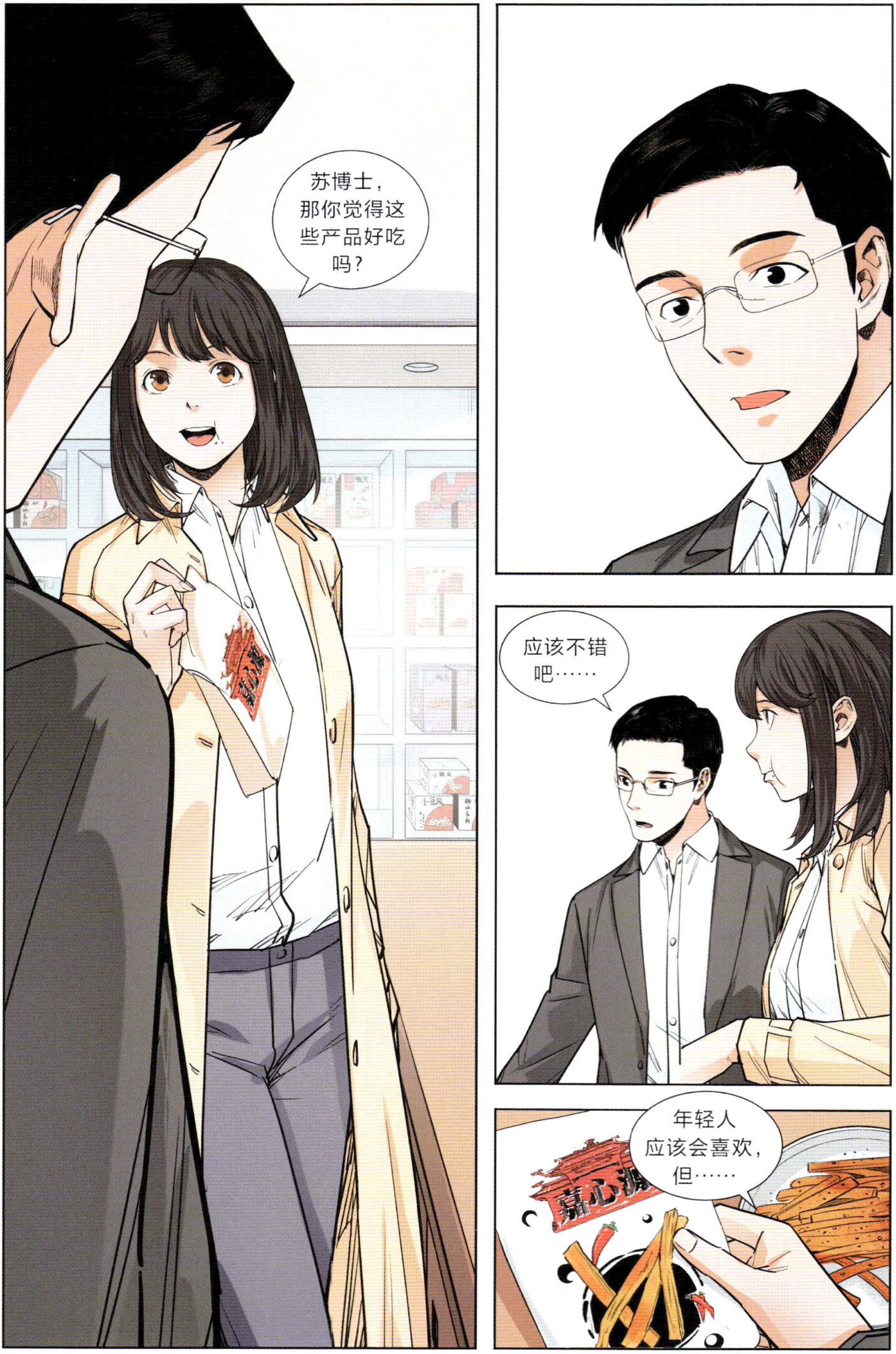

苏博士，
那你觉得这
些产品好吃
吗？
应该不错
吧……
年轻人
应该会喜欢，
但……

对了，陈先生还在等着呢，咱们早点儿回去吧。
急什么？
品尝区
让那个臭屁的家伙再等一等吧，我还要多尝一些……
阿——
嚏——
不知道谁在说我的坏话……

好了，小陈，你有什么话就直说吧！
郭老，您是食品添加剂行业的专家，长期担任嘉心源食品的副总经理……
也是已故老董事长多年的创业伙伴和挚友。

在嘉心源的这十几年，您一直坚守对品质的严格要求，主张在产品研发和人才引入上加大投入，提拔了很多像苏博士那样的人才。
您也是我和老甄非常尊敬的经营者。
老董事长甚至在公司章程里规定，辣条类产品生产工艺和配方的变更必须经过您的同意。
嗯……
是啊……
我理解，有时候食品行业的上市公司为了压缩成本增加收益，新接班的管理层会慢慢把原来的配料替换成更便宜的合成配料。

比如，
把浓缩脱脂乳
换成复原乳粉，把
白砂糖换成果葡糖浆，
把椰子油换成
植脂末……
或者使用
聚山梨酯这种
问题多多的乳化
剂……
就连辣条
这条您一直牢
牢把握的生产
线……
口味都
跟从前不一样
了……

关于使用这些廉价食品添加剂的利弊，以及上市公司的那些财技，我相信您比我更了解。
可能，您也在内部提出过异议……
更明白这种靠拼成本、砸营销带来的业绩增长无法长久。
郭老……这应该也不符合……

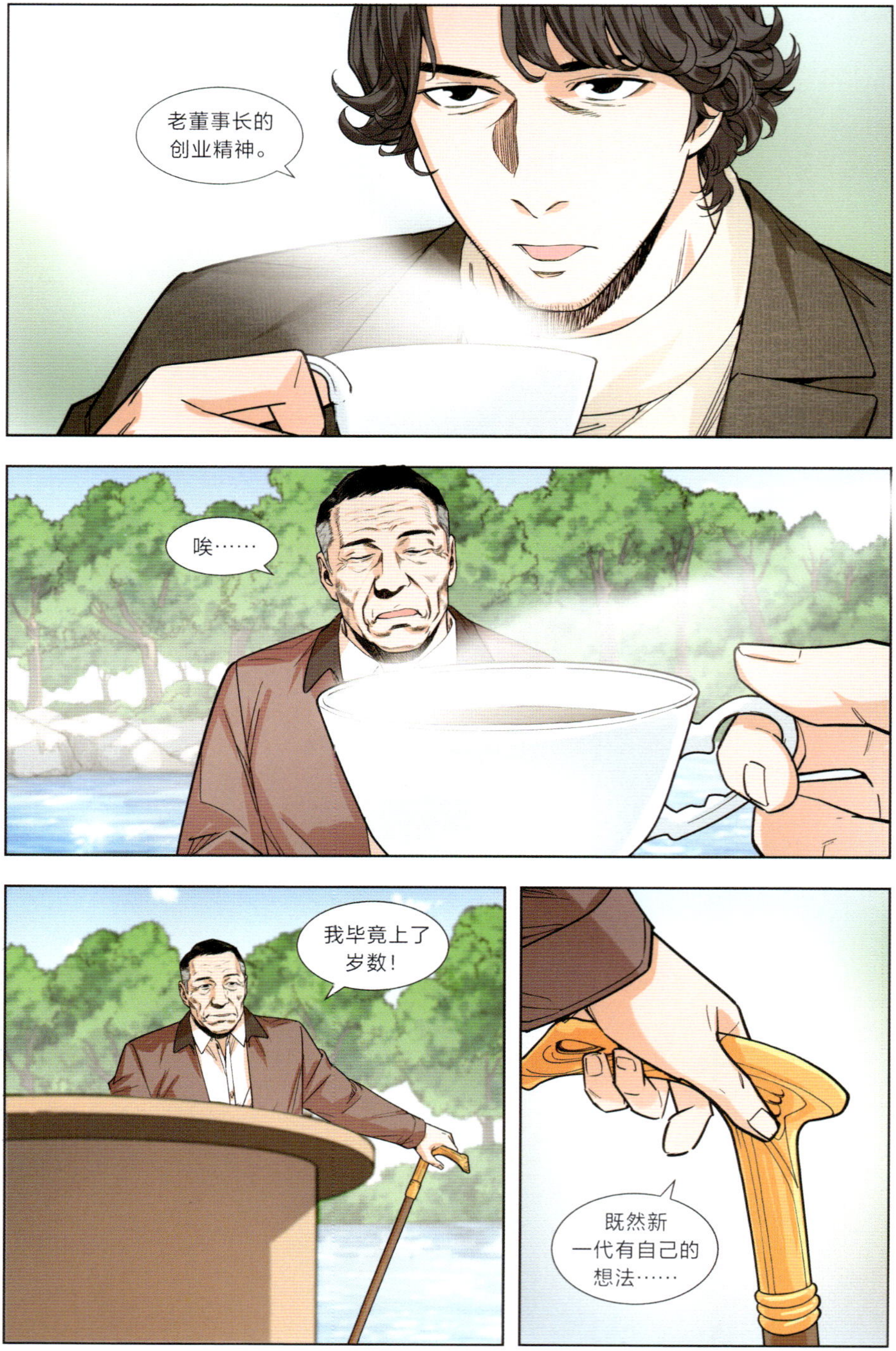
老董事长的
创业精神。
唉……
我毕竟上了
岁数！
既然新
一代有自己的
想法……

我也
不想过分
干预。
哈哈，您的
心态可一点儿
也不老……
之前，您
还问老甄能不
能从国外拿到第
三代复合型鲜味
香精的样品。
您可能还不
知道……
为了这件
事，他亲自跑了
一趟美国国际香精
香料公司的纽约总
部和以色列的实
验室。
甄真在
公司里找到了
当时国际快递的
报销底单。

老甄之前
经常念叨，甄真的
母亲走得早，自己能
陪在她身边照顾的
时间也不多。
我还记得
当年，他总会
定期买一大袋嘉心源
的零食礼包，还跟我
说他女儿就喜欢
吃这个。
可是甄真
前两天和我
说，嘉心源的那
些产品……
都不再是
她小时候的味道
了……

可能现在年轻人的口味也和以前大不一样了吧。
口味随着潮流在改变，但对于品质的要求不会变。
我们一定能找到既符合潮流又能传承经典的方法。

我明白了！
下周的公司战略会议上，我会提出自己的改革提案。
我们也一定会支持您。有您把握方向，相信嘉心源一定能够回归它的市场地位！

雪球出品

进阶吧！投资者课堂

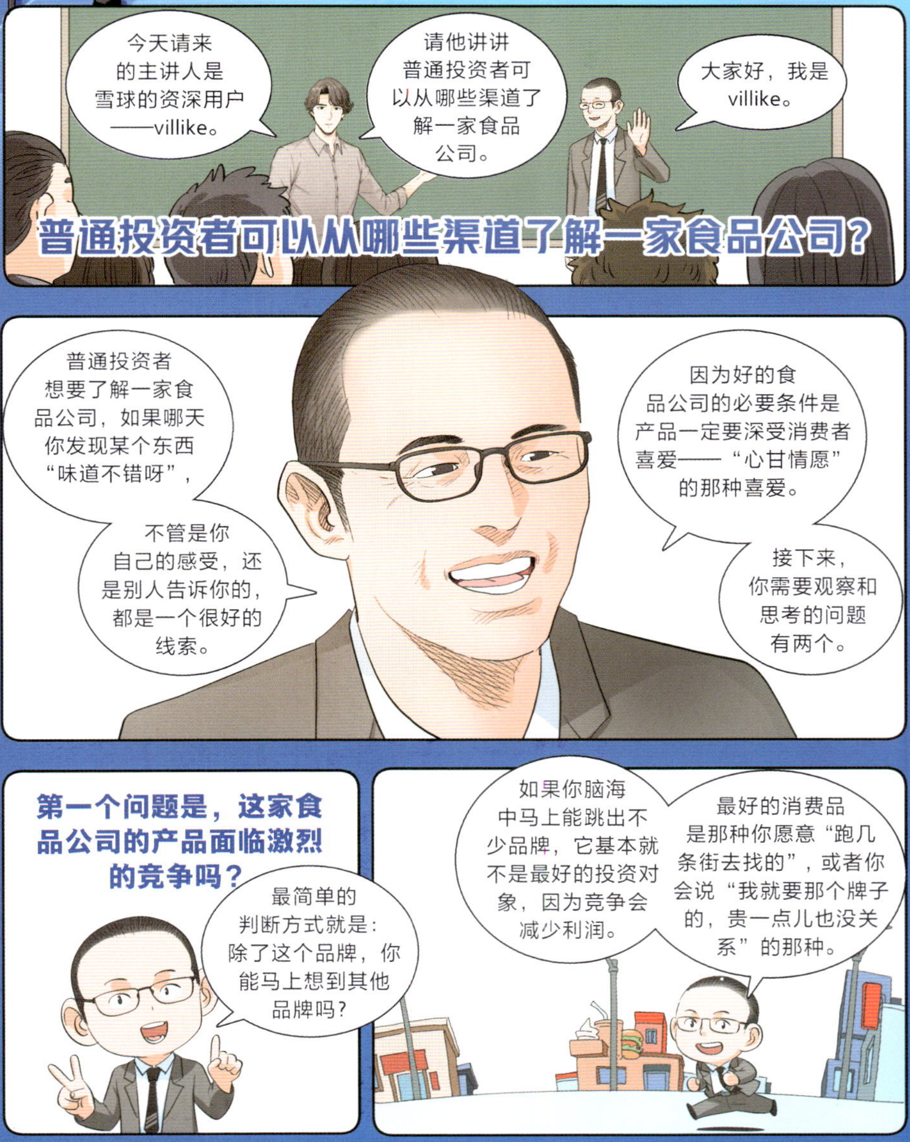

第二个问题是，这家食品公司的产品，消费频率如何？
最好的食品公司的产品，很多是近似于“强制消费”的，比如酱油，只要是中式菜系，基本都要用到。
再比如夏天出门的时候，你可能都想手里拿一瓶可乐——尽管昨天刚喝掉了一瓶。
好的食品公司的产品消费频率往往比较高。
基本就是这样，如果你掌握了上述食品公司投资的基本理念，并且愿意用心观察，这是一个非常“投资者友好”的行业。
对于这些产品的未来，只要仔细想一想，你就会知道它们能一直发展得不错。
对食品公司来说，最需要关注的财务指标有三个。
一是ROE，也就是净资产收益率。如果一家食品公司的ROE可以常年维持在20%甚至30%以上，那恭喜你，你很可能找到了一个金矿。
ROE

二是毛利率，它反映了公司产品的差异化程度，对食品这种高度市场化的产品来说，能有超过40%的毛利率，说明很可能产品是深受消费者喜爱的。

毛利率

三是销售费用率，也就是公司的销售费用与营业收入的比率。如果销售费用率超过15%，这产品卖起来就有点儿"费劲儿"。

如果这一比率能维持在8%以下，公司的经营就算比较轻松了。

销售费用率

想从更专业的视角了解一家食品公司，不妨从市场竞争力、消费频率、财务指标（ROE、毛利率、销售费用率）入手试试看。

甄真说过，嘉心源的产品已经不是小时候的味道了。我让隐星的团队做了一份关于嘉心源的市场调研，在一周后嘉心源的战略会议上，我会说说我的调研结果。

风险提示：漫画内容仅供参考，不构成投资建议，相关观点及意见不代表雪球立场，亦不代表雪球对其中任何行业或相关公司的判断。内容中数据来自万得。

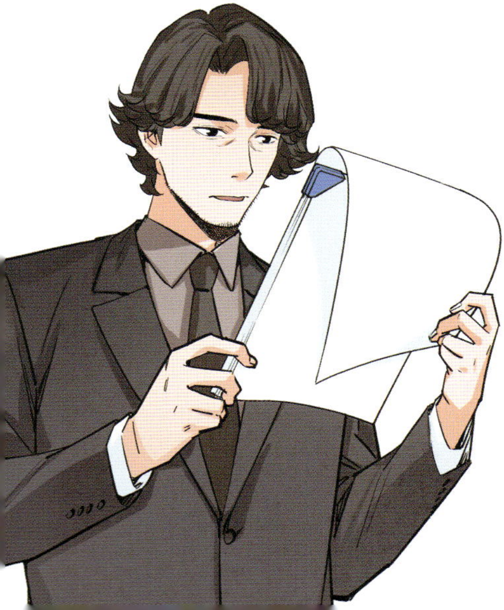

第七话
挑战董事会

嘉心源战略会议

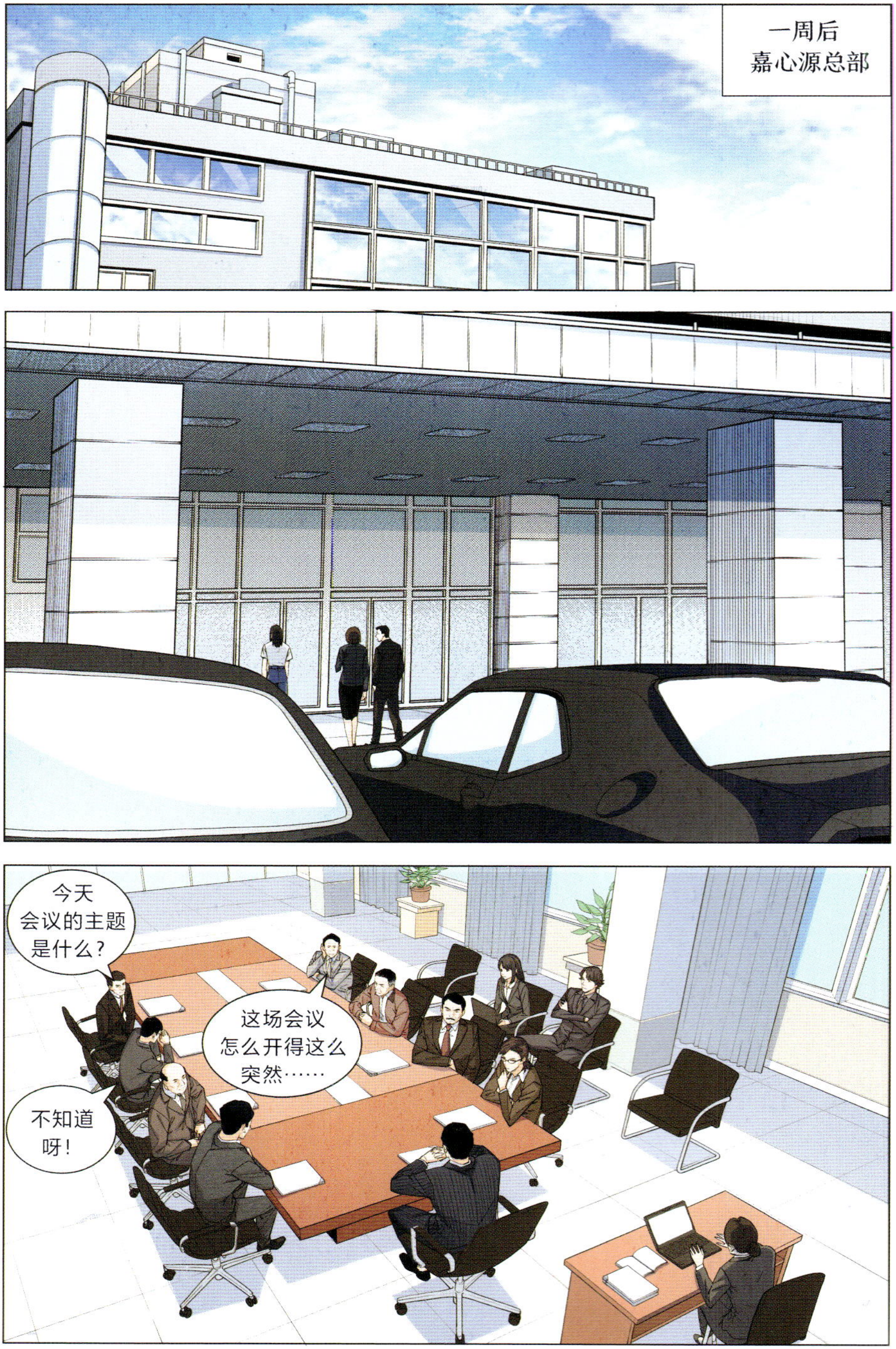
一周后
嘉心源总部
今天会议的主题是什么？
不知道呀！
这场会议怎么开得这么突然……

坐在主位的就是嘉心源的首席执行官刘述明吧？

嗯。

郭老，对面的人好年轻啊，他也是公司高管吗？

那是孙迦齐，老董事长的独子。他现在还没有参与到公司的日常经营中来。

今天召集了这么多人，把各位也请到现场，就是希望把一些事情明确下来！

我们公司现在的业绩增长缓慢，甚至有下滑的迹象，有很多发展问题是需要反复讨论的。

我实话告诉大家吧，其实是郭老向我提出这次战略会议的必要性的。

我想，还是请郭老先把他的想法和大家说一说。

郭老，您先开始吧！

大家好。感谢刘总给我这个机会。
在说正式的想法之前，我想首先介绍一下在场的两位朋友。
这两位是陈丙伸总和甄真女士，他们是咱们的股东——隐星基金的代表。
大……大家好……
最近陈总和我反映了一个有趣的情况。

陈总，您能给大家介绍一下吗？
好的，荣幸！
谢谢郭总。大家好，我是陈丙伸。
隐星最近做了一次市场调研，参与的消费者超过了三万人。
其中有50%以上是接触嘉心源产品超过10年的消费者。
前些天轶君总安排好多人忙里忙外的，就是为这件事吧？

陈总，我们也经常做这种调研，而且数据翔实。

陈总如果需要相关资料，可以直接找我们呀！不需要自己另搞一套的。

李总，您这边市场部的调研，我们看过。确实很下功夫，不愧是行业专家。

但是，我们的调研和您的调研在方向上有那么一点点不同……

市场部的调研在产品口味方面只设置了一个问题：您是否满意该产品的味道？从极不满意到非常满意。

而我们的调研把有关口味的问题拆分成了20个不同层级的问题。
我们需要知道消费者对现有口味的满意程度，以及是否还有其他与口味相关的因素影响他们的消费决策。
所以结论呢？
结论是，92%的受访者认为，嘉心源辣条的味道不是他们印象中辣条该有的味道。
这其中67%的人认为味道差异较为明显，20%的人认为味道差异非常明显。

目前嘉心源的食品品类中，以辣条等面制品为主的传统食品，收入贡献超过70%，这些食品在市面上都存在了至少20年，
有大量的长期消费者，口味差异会形成非常强的记忆对比。
即便是开发不超过三年的产品，比如蔬菜制品，口味的变化也开始影响消费者的购买意愿。
另外，调查还发现……
这些老主顾对嘉心源新代言人的认知度很低。

虽然那位流量明星微博上的粉丝很疯狂，但只有不到1%的受访者能叫出他的名字。
公司要争夺的是年轻消费者，请新生代明星代言本来就是行业惯例，老客户不认识也很正常……
现在咱们的业绩增长放缓，主要是因为市场竞争太激烈，
这个时候品类扩张和营销费用都不能削减，而是应该加大力度，摇摆不定只会功亏一篑。
更何况这种策略已经被栗扬食品证明是成功的……
人家现在的市值可是我们的3倍！

栗扬
的策略不是行不
通，而是不适合
嘉心源。
他们公司
才成立没几年
就匆匆上市了，
没有太多品牌
积淀。
每件产品
走的都是流量
路线，强行绑定明星和
网红，火了就加大投入，
没火就连带品牌
一起抛弃。
大多数消费者
甚至还没记住产品
名称，该产品
就下架了。
嘉心源
去学它，就是在
消耗自己多年积累的
品牌价值。
是在为短期
业绩出卖这家
公司最重要的
资产。

上市公司
最重要的永远
是利润！
对不起，我
有些失态……但是
陈总，您不在这个
行业，很多事您不
了解。
比如配料，
按行业要求是必须
要迭代的，只为了那
一点点口味的差异，
要付出的代价实在
太大。
提高配料成本
就要涨价，必然会
削弱我们的竞争力。到
时候市场份额和利润都降下来，
咱们怎么和股东交代？您也
是咱们的股东，应该
能理解吧？
唉，我能说
什么呢？
我们
从来没想过短期的
问题，这不是隐星
的风格。

我们相信通过嘉心源对自身品牌价值的坚守，长期持有它能够带给我们更高的回报。
谢谢陈总提供了一些新的洞察。
在确保食品安全的前提下，味道就是零食产业里最重要的因素。我想正式向董事会提交这份提案。
具体的构想和数据都在文件里。

嘉心源的核心产品线从辣条开始，在保持原有口味的基础上，应该探索更有品质的配料升级。
其他创新型产品的研发重点同样是口味，并且用料必须符合提倡健康的时代特征!
郭老，这……也太突然了吧？怎么就突然要改变公司战略了呢？

上一次战略会议，我们已经明确了要主打多品类，深挖渠道经营的战略!
您现在提出的方案不是就把之前的决议都颠覆了吗?
这也不算颠覆吧?
品类搞那么多，如果味道不行，还是没有人吃啊!
冯总，咱得凭良心说话。在座的应该都会吃我们的产品吧?
我天天吃，不只是辣条，还有海带丝、威化饼、薯片。这些产品味道都没有问题，都很好吃。
就是，我觉得市场部这边的意见很重要。
目前产品多元化是非常重要的，我们的口味再独特，没有好的营销，也根本推不出去。
而且，口味差别真这么大吗?反正我是吃不出来。
咱们的产品又不会突然变得很难吃。一个100分的好吃和一个90分的好吃，普通人真的能分辨出来吗?

你们真的分辨不出来吗？口味确实不如以前了。我觉得还是非常明显的。
味道是不是不如以前，这本来就是很主观的东西……
咱们的配料都是符合国标的，就不要自己道德绑架自己了好吗？
用更廉价的配料方案替代高品质配料，就算都符合国标……
这些配料造成的口感差异也是客观存在的。

好吃不好吃，有几个人能真的吃出来……

别乱讲，我是说客观事实！

孙总，我看你一直没说话……有什么问题但说无妨。

好吧!

陈总,我想问您一个问题,您做了这么周密的消费者调研,您觉得嘉心源的核心价值究竟是什么?

消费者为什么会选择嘉心源的辣条?

这是一个好问题呀,孙总。

大家知道百事可乐在1975年发起的盲测挑战吗?

Take the Pepsi Challenge!
当时百事可乐在美国发起了一场“百事挑战”，让路人品尝两杯没有任何标记的可乐。最后结果表明人们更喜欢百事可乐的味道。
这对可口可乐来说可是重大打击。于是他们也做了类似的市场调研，结果显示确实有更多的人喜欢更甜的可乐。

这一结论导致可口可乐在1985年决定停用自己已经使用了100年的原始经典配方，改为全新的口味，把它命名为New Coke（新可乐）。

这个决定极其大胆，但因为经过了大量市场调研，所以整个管理层都信心满满。

效果和管理层的预期恰恰相反，新口味触发了众怒。

很多消费者都认为可口可乐背叛了他们，更改配方就像更改《圣经》那样严重。
这可能是可口可乐历史上最大的品牌危机了吧！消费者的强烈不满最终让可口可乐的管理层恢复了原始的配方。
经过这一事件，管理层终于明白，可口可乐对消费者来说究竟意味着什么。
当时的那项市场调研显然没有很好地呈现消费者对可口可乐价值的理解。

我想说的是，我们的市场调研，结论本身就是个数字。最重要的还是我们对消费者的洞察。
我认为，嘉心源之所以成功，不仅是供应链的成功、营销的成功，甚至口味的成功。
更是人们对于辣条，对于其他传统小零食，深刻而长久的记忆与情感联结。口味就是这些记忆和情感的“药引”。
就像可口可乐，消费者平时可能无法把这些价值总结出来，甚至自己也未必知道自己为什么喜爱这个品牌。
但当它发生变化时，情绪就会激烈地爆发出来。
好像是这么回事，现在市面上零食越来越多，并不一定要选择辣条，更不一定要选择嘉心源。
那种正宗的感觉、小时候的记忆，可能才是忠诚度的来源吧！

我的回答，孙总还满意吗？
我从小就吃公司的辣条，公司的第一款辣条，我爸就拿我当试吃员了。
所以虽然我并没有怎么参与公司经营，但嘉心源的每一款产品，我都是从它诞生开始就在吃。
这些年一步一步修改配方带来的微妙变化……我清清楚楚。
我现在已经很少吃公司的产品了，可能这正是问题的核心吧。
陈总的回答，我听明白了，我支持郭老的方案。

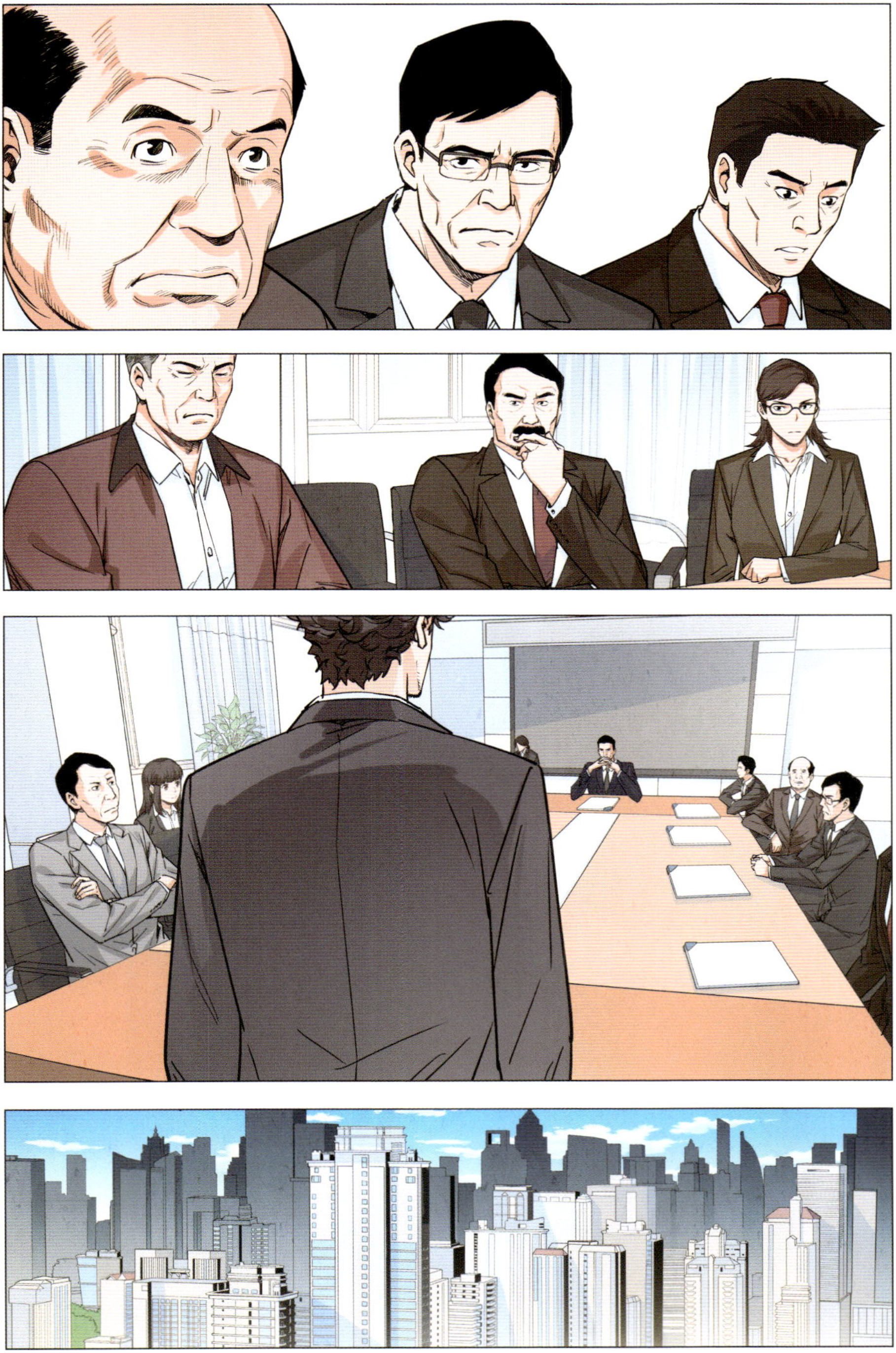

没想到郭老的方案这么顺利就得到了高层的支持……
就连那个坚称“依然很好吃”的大叔也投了赞成票。
没什么好奇怪的，这次战略会议的核心其实就是要说服小孙总。
欸？他是老董事长的儿子吧……不是在公司内没有职务吗？
刘总是嘉心源上市后老董事长从一家《财富》500强的跨国公司外聘的职业经理人。小孙总年轻，缺乏经验，但接棒是迟早的事，江山还是要往下传的。

刘总自然也不傻。你看全程他发表自己的观点了吗？他一直在暗中观察。
我猜测他在公司战略上也是考虑过郭老的方案的，
但市场营销这一派声势很大，而且要对业绩有交代，刘总不得不平衡各方。
现在大股东的态度明确，刘总拍板也是顺势而为了。
原来上市公司这么复杂啊……

进阶吧！投资者课堂

今天请来的主讲人是雪球的资深用户——无声。

希望您能和我们聊聊长期投资是不是代表拿着不动。

大家好，我是无声。

长期投资是不是代表拿着不动？

那么接下来交给您了。

好，今天我想与大家讨论一下长期持有或者说长期投资是不是代表拿着不动。

我认为长期投资有三点优势：第一，更加从容，考虑的问题都是从中长期的角度出发的，对市场涨跌的容忍度更高；

第二，不影响正常的生活和工作，不需要每天过度纠结于市场的涨跌波动；第三，如果方向正确，长期投资的复利也是非常可观的，甚至超过部分反复折腾做短线交易的投资者。

但是，长期投资绝对不是拿着不动！

股票方面，截至2022年8月15日，全市场已经有4700多只个股，以10年或者更长的时间为维度看，能够相对稳定或者说总体稳定，持续保持股价向上的个股屈指可数。

在这种情况下，如果把长期投资理解为拿着不动，那么毫无疑问是太天真了。

一方面有很大的概率遇到价值陷阱，股价会一路走低，长期拿着不动可能面临长期套牢、亏损。

另一方面，即便是真的买到了持续成长和稳定增长的好公司，也会面临可能的大跌，那个时候有多少人有信心继续持有呢？

再说基金方面，正是因为个股投资巨大的不确定性和波动性对普通投资者的不友好，才凸显了基金作为投资品种的友好性，在长期业绩向上的可预期性、确定性方面，基金可能带来比个股投资更好的投资体验。

那么长期投资基金是不是代表着一动不动呢？

显然，也不是。

NO, NO!

风险提示：漫画内容仅供参考，不构成投资建议，相关观点及意见不代表雪球立场，亦不代表雪球对其中任何行业或相关公司的判断。内容中数据来自万得。

第八话
小时候的味道

数周后　北京

传统重庆火锅

姑娘！再来两盘毛肚。

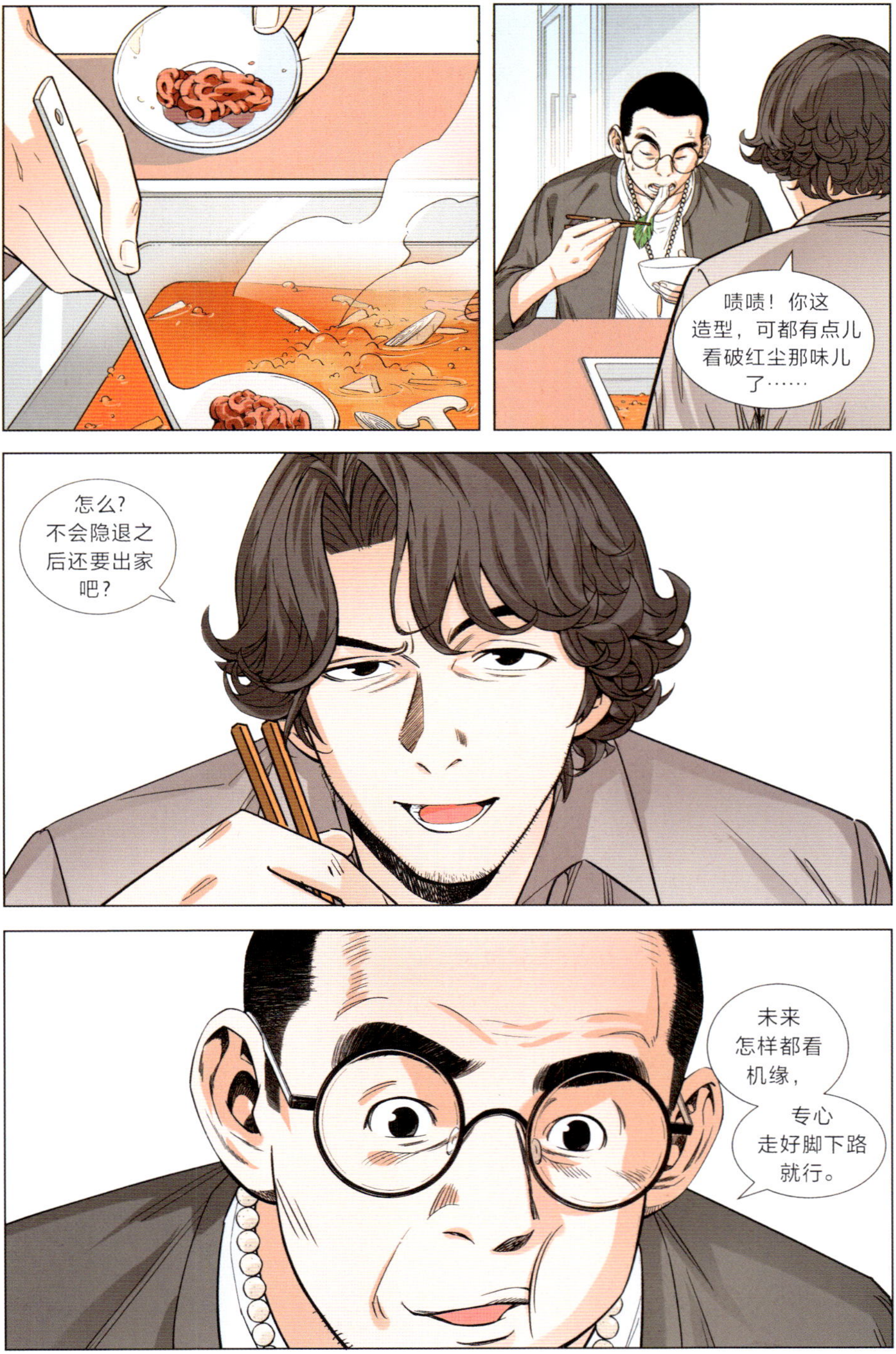
啧啧！你这造型，可都有点儿看破红尘那味儿了……
怎么?不会隐退之后还要出家吧?
未来怎样都看机缘，
专心走好脚下路就行。

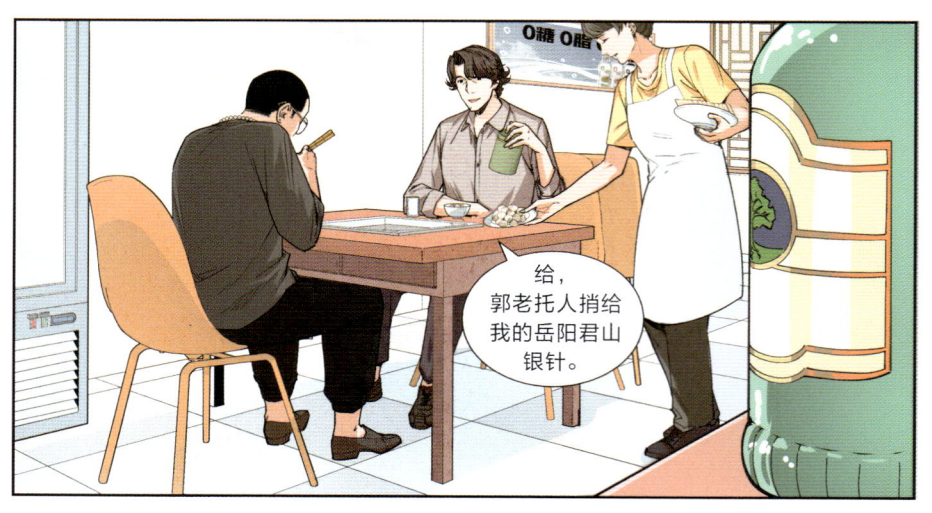

得，得，不跟你打机锋了，没见过吃脑花的和尚。

嘿嘿，酒肉穿肠过嘛。

给，郭老托人捎给我的岳阳君山银针。

说是今年的新茶，感谢我介绍的那几个负责网络营销和产品研发的高管。那几位都是你的人脉，所以还是你笑纳吧，我也不喝这玩意儿。

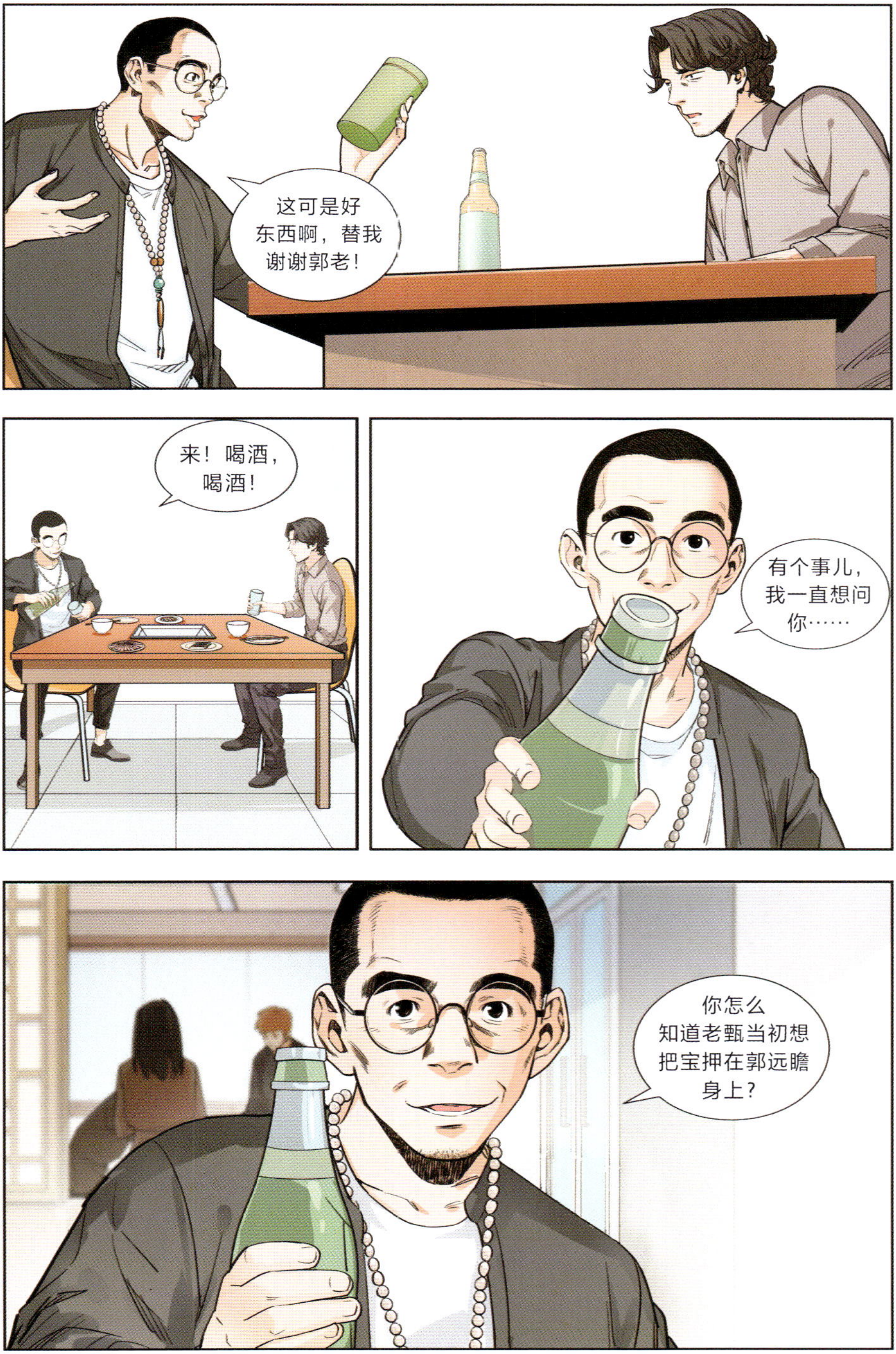
这可是好东西啊，替我谢谢郭老！
来！喝酒，喝酒！
有个事儿，我一直想问你……
你怎么知道老甄当初想把宝押在郭远瞻身上？

我哪知道……
那老家伙打的什么算盘，
我从来都猜不透……
不过谁都能看出来，在现在新的消费趋势和理念之下……
0糖 0脂 0卡
靠辣条这种高钠、高糖、高脂的单一品类可没办法支撑嘉心源的下一个二十年。

嗯，
新型配料确
实是这场变革的
核心。
而郭老
又愿意在这方面
投入。
哈哈！你能
想象一款0添加、
0糖、0脂的
辣条……
会有多
大的市场空
间吗？
糖 0脂 0卡
可是产品
升级毕竟周期长
且有风险，你确定
这是现在的隐星最
需要的吗？

是啊，像嘉心源这种在线下渠道布局了多年的企业……
只要管理层执行坚决，做好核心爆款和渠道管理，同时玩好互联网营销……
抖音、快手、小红书投一圈，淘宝直播搞起来，打穿下沉市场，或许是让业绩迅速起飞最有效的办法。
这也没什么丢人的，几十年前日本、韩国的零食企业大多也是靠这种策略做起来的。

你说的那个法子确实立竿见影。可郭老是那种风格稳健、技术扎实的经营者，也没那么多江湖气……
0糖 0
一个战略掌舵者，需要强有力的执行者。
所以才托你的人情帮他老人家找几个人才嘛。
嘿嘿，我明白了……
你笑什么？

你还是被那小妮子影响了。
要不我找人帮你算一卦，看看姓甄的是不是都能管住你？
去你的吧！
哈哈哈，好了好了，每次跟你喝酒都会忘记时间，都这个点儿了，我得先走一步。
对了，你托我帮你查的事……
有消息了，我会第一时间告诉你！

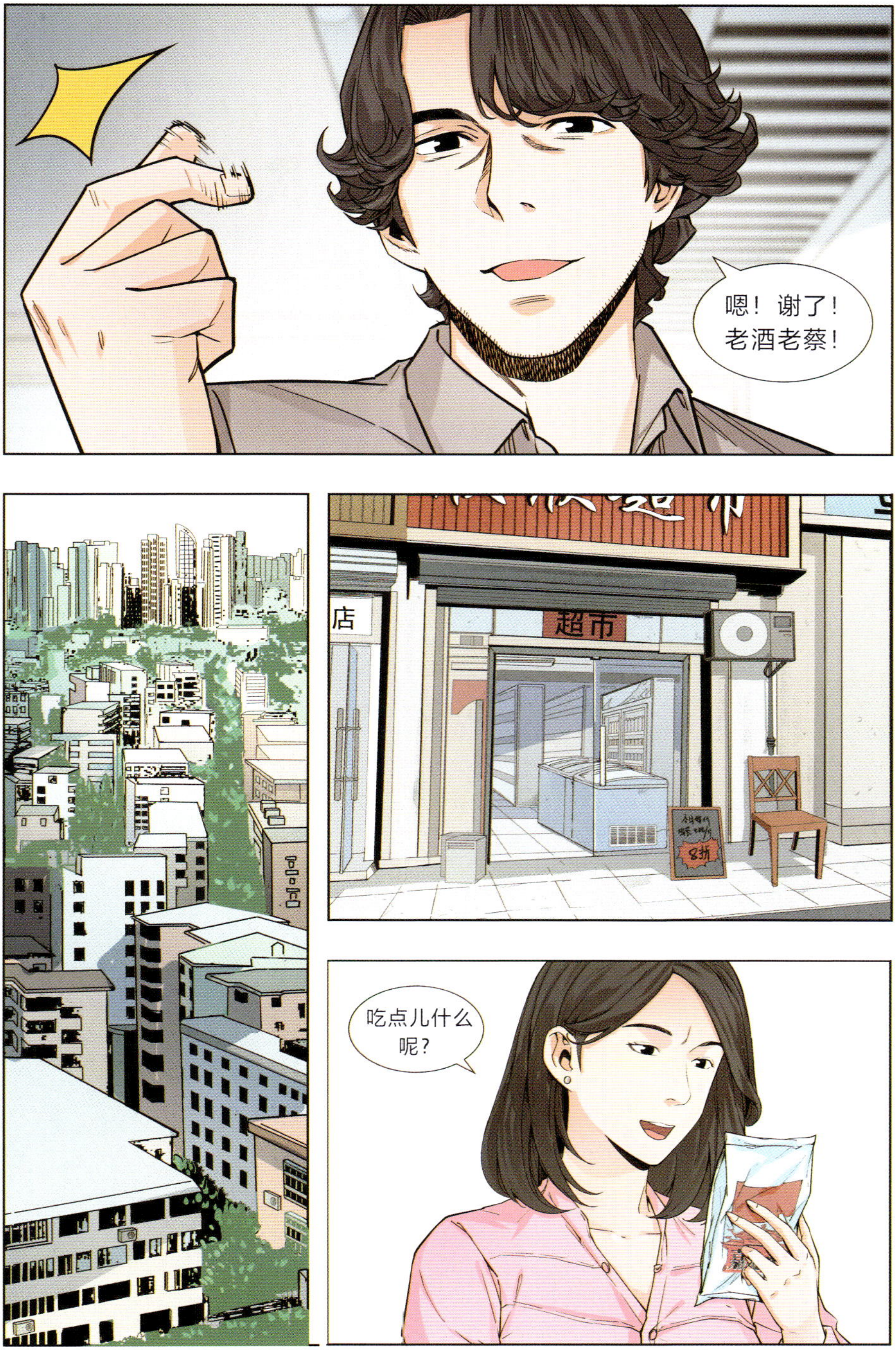
嗯！谢了！
老酒老蔡！
店
超市
8折
吃点儿什么
呢？

你可以试试这个啊，嘉心源新出的魔芋丝。
会不会很辣……而且那么油，大晚上吃，我怕长痘，还是算了。
我这有一袋，你尝尝？
现在是低糖、低脂的版本了，独立包装也方便。
嘉心源
嗯？！还挺好吃的呀……
那我也买一包吧！

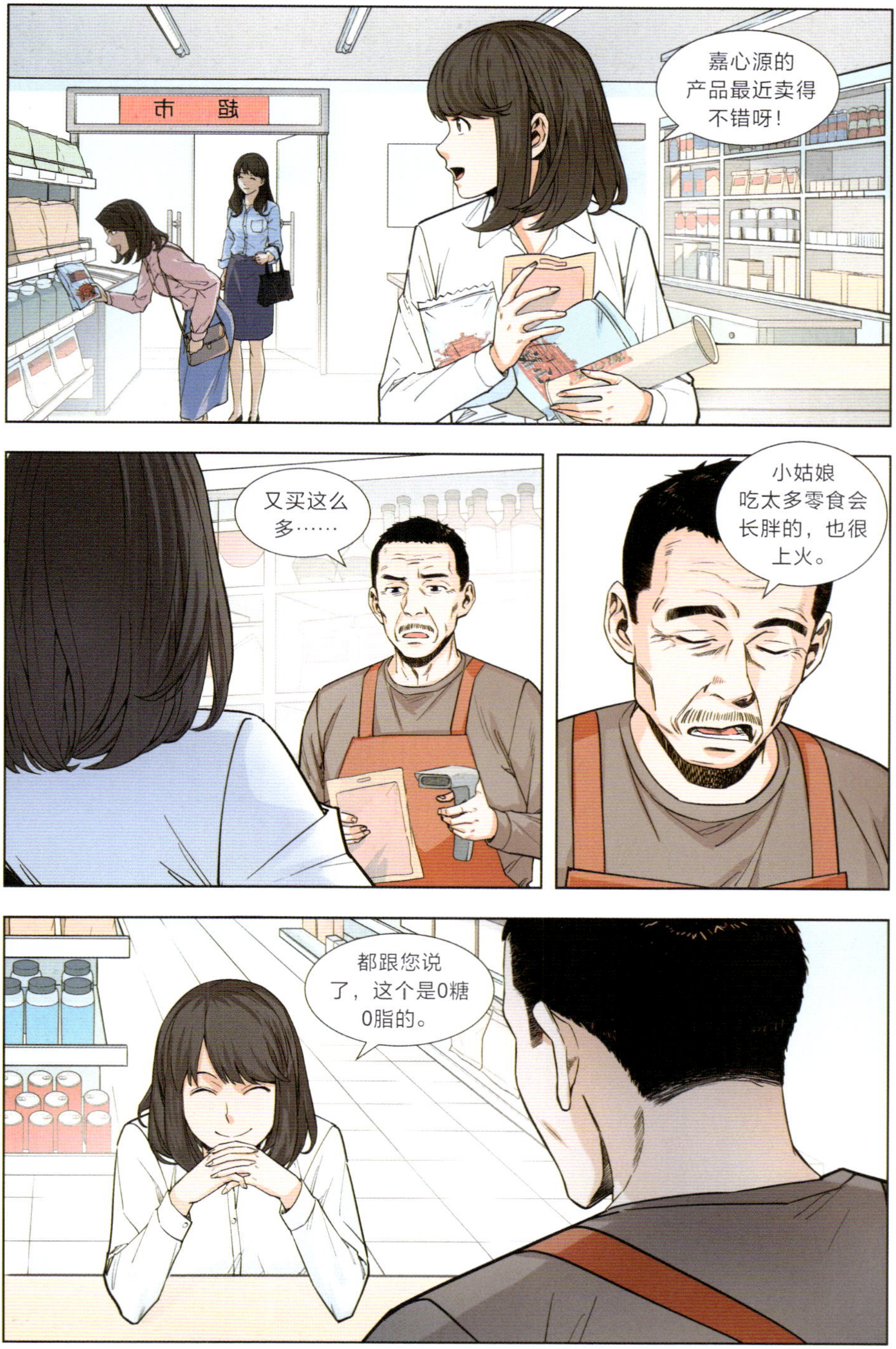
嘉心源的
产品最近卖得
不错呀！
又买这么
多……
小姑娘
吃太多零食会
长胖的，也很
上火。
都跟您说
了，这个是0糖
0脂的。

我就不信了，这辣条，这早餐派，能0糖0脂？如果真是0糖0脂，还能好吃？
就算好吃，肯定味道都变了，吃不出老味道。
您呀，观念太老了。
哇！
这个辣条，真的和我小时候吃的味道一样呢！原汁原味！
对了，那家伙该下课回来了吧？

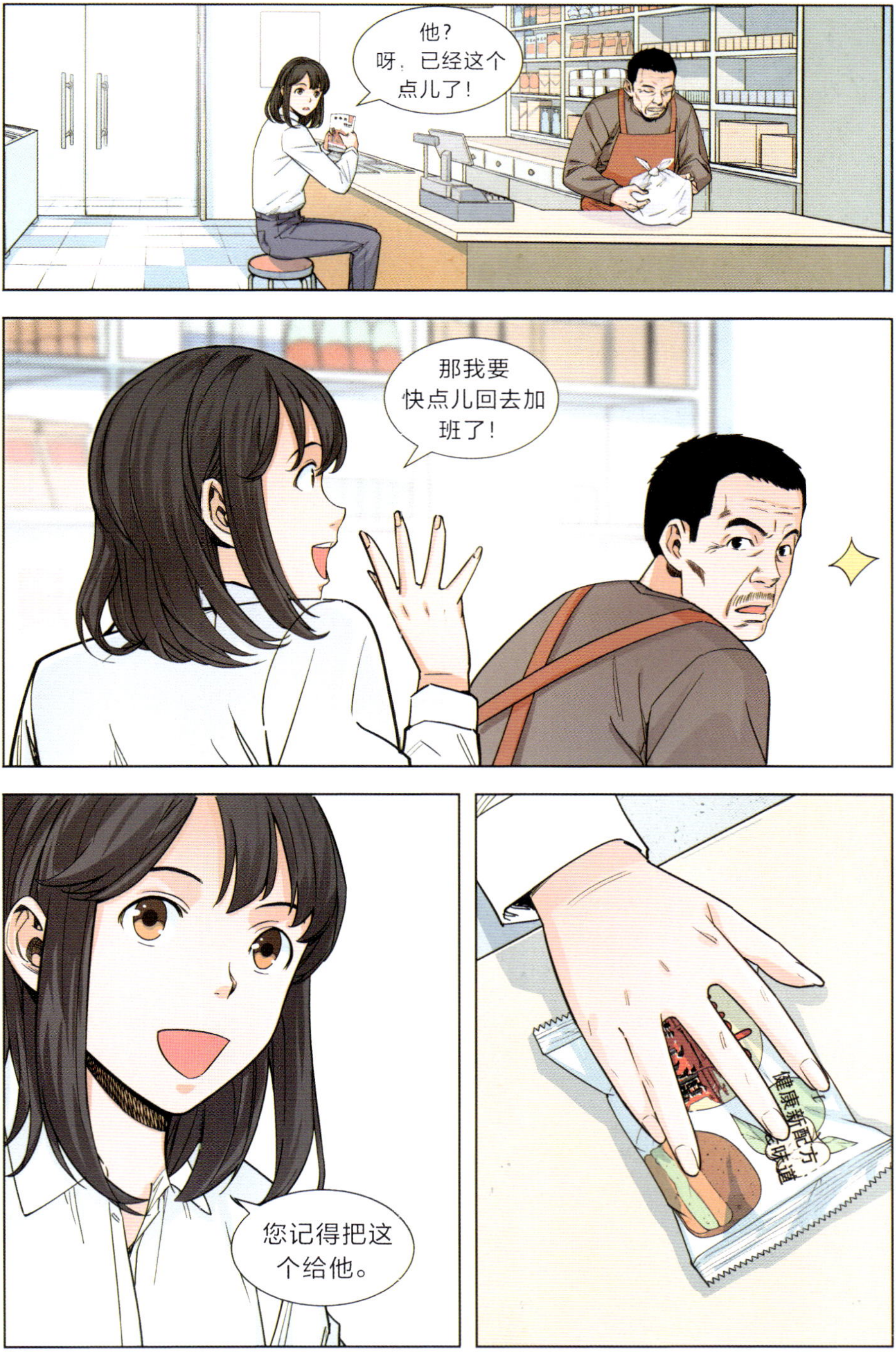
他？
呀，已经这个点儿了！
那我要快点儿回去加班了！
您记得把这个给他。
健康新配方

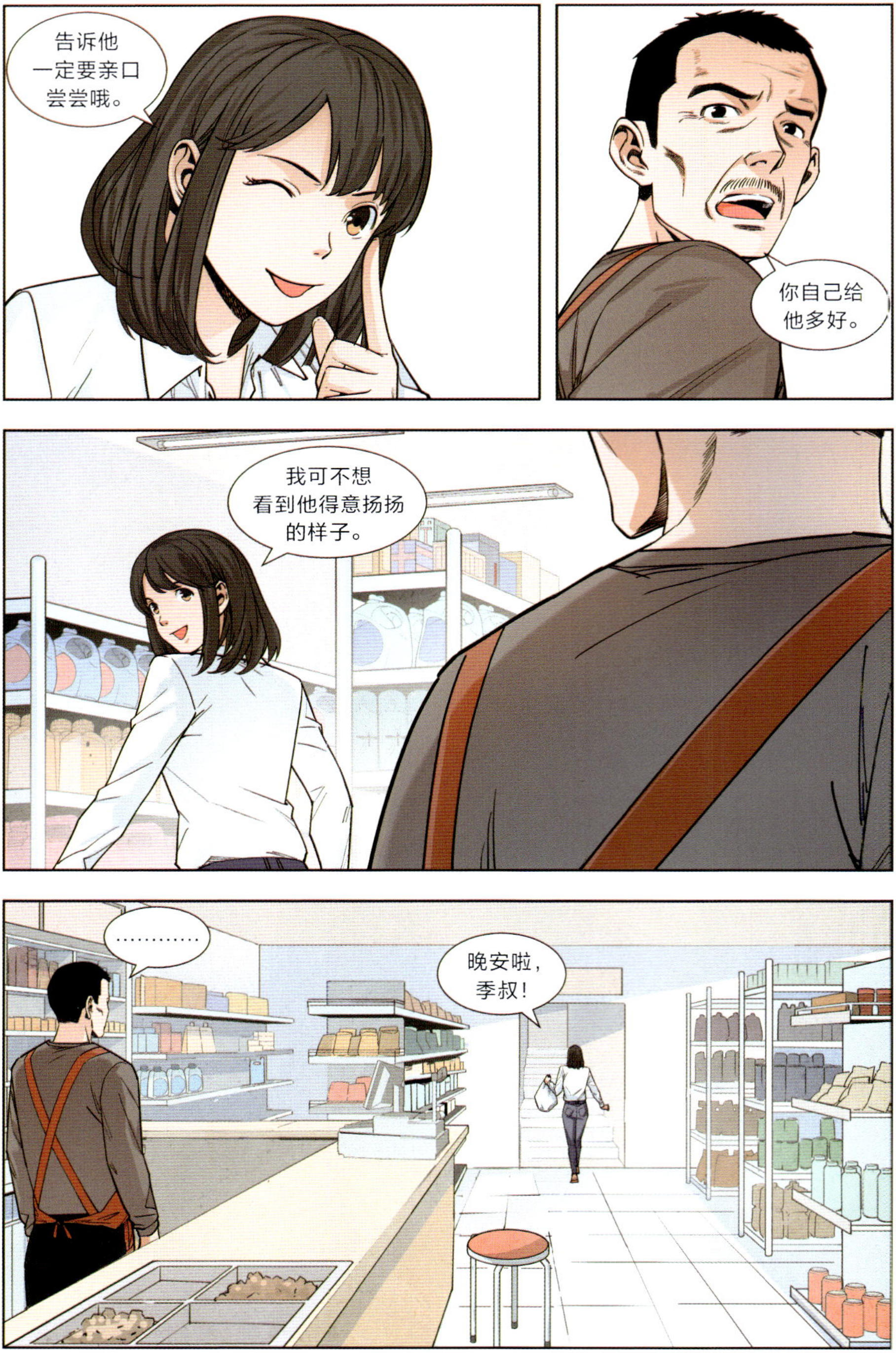
告诉他
一定要亲口
尝尝哦。
你自己给
他多好。
我可不想
看到他得意扬扬
的样子。
…………
晚安啦，
季叔！

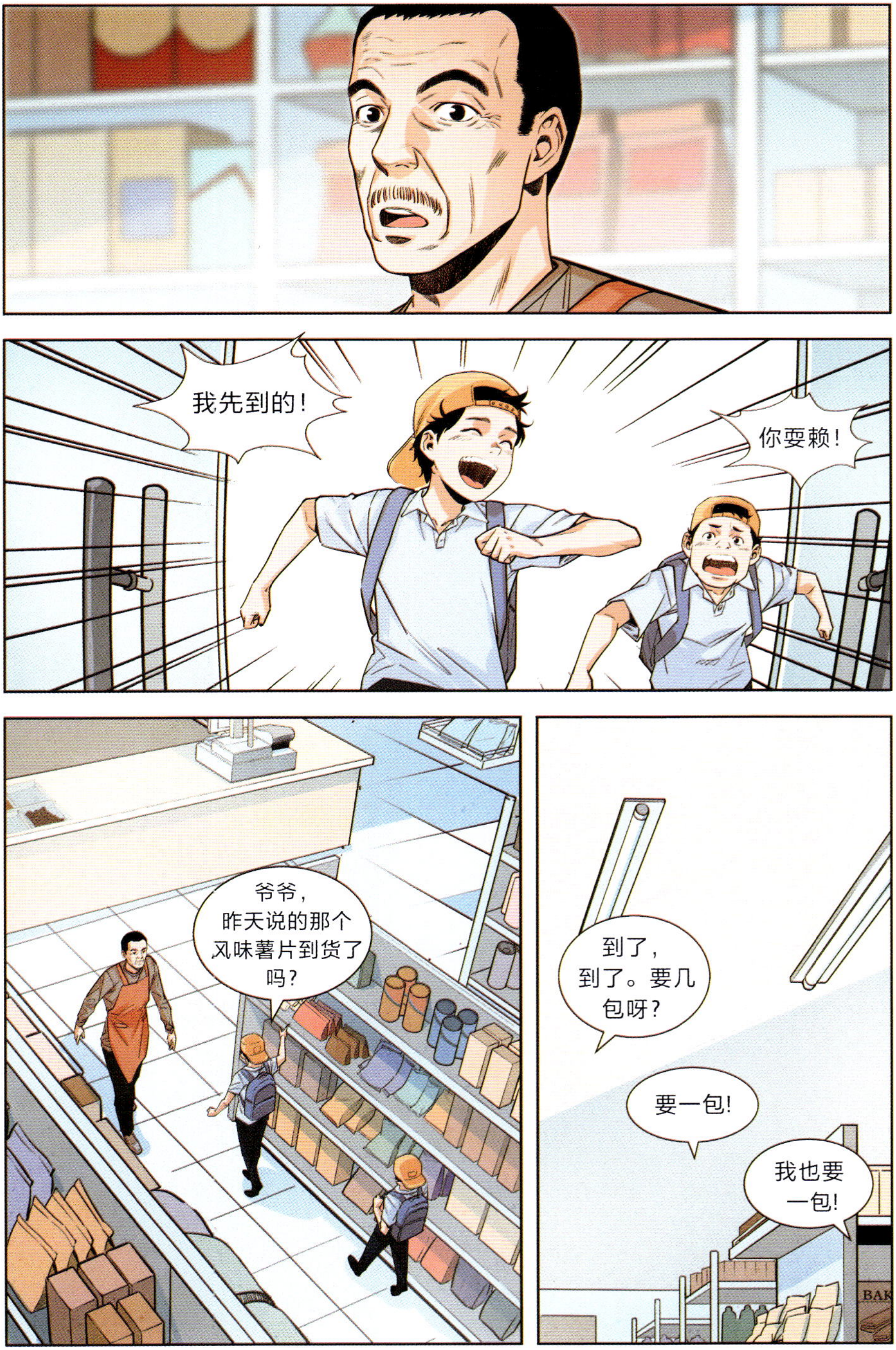
我先到的！
你耍赖！
爷爷，
昨天说的那个
风味薯片到货了
吗？
到了，
到了。要几
包呀？
要一包！
我也要
一包！

这次
还是我第一
……
这些孩子，可真有活力……
老季，你这嘉心源的东西卖得不错啊。
嘿，跟刚才那丫头说了一模一样的话。
BAKEY
今天怎么又上课到这么晚呀？
唉！别提了……

那几个
大妈抓住我说个没
完，一个问我基金被
套牢了怎么办
……
一个
跟我唠叨自己
的老头儿买传销
的保健品。
还有要
我和她闺女吃
饭的……
对了，那
丫头让我把这
个给你。
还叮嘱
一定让你
尝尝。
apple
派？

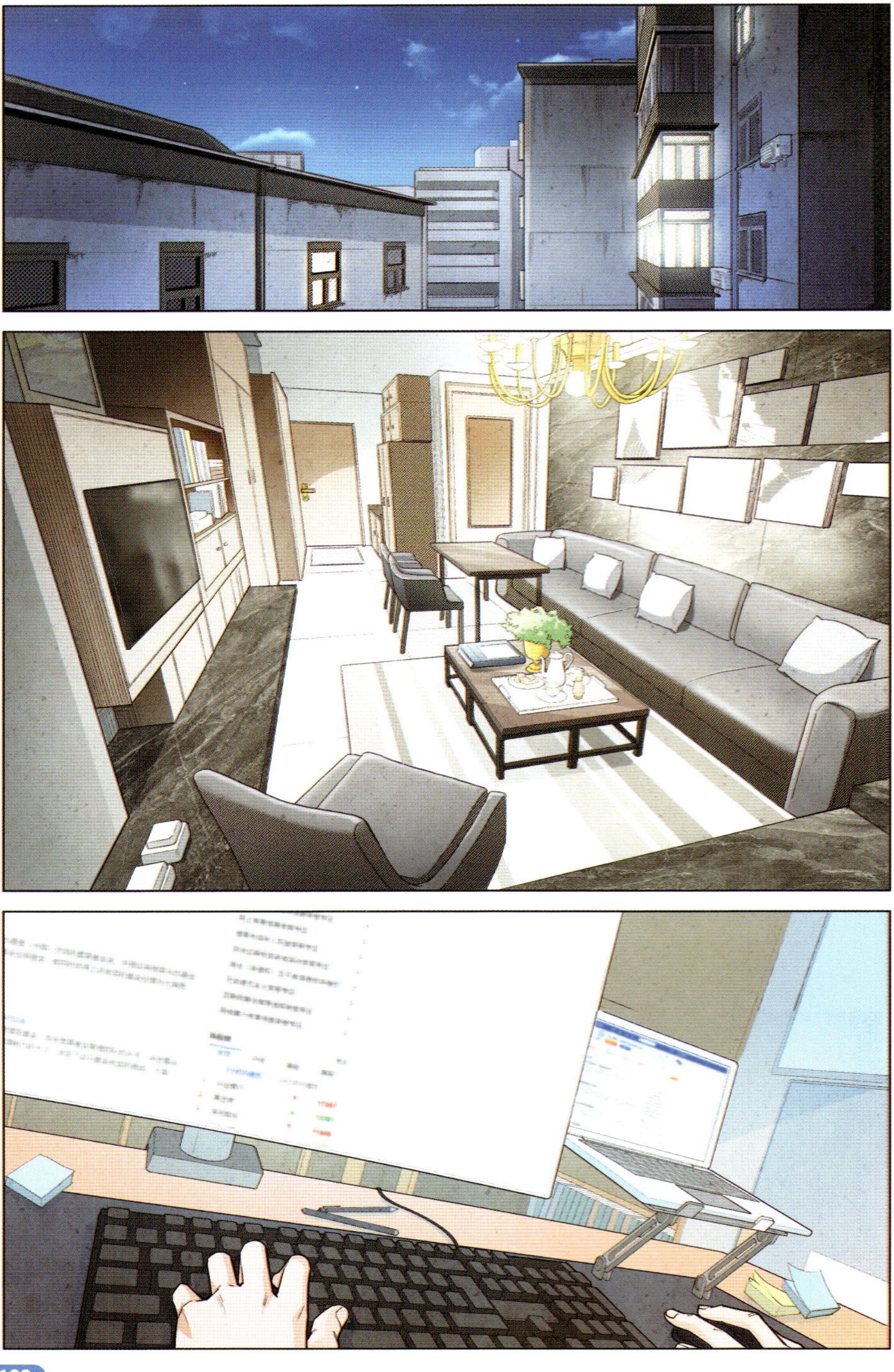

小时候的味道吗……

呃，好甜！

雪球 出品
进阶吧！投资者课堂
今天请来的是基金资深投资者——六亿居士，和我们聊聊买基金被套牢怎么办。
大家好，我是六亿居士。
买基金被套牢怎么办？
实际上被套是一个中性概念，被套在投资过程中在所难免，一定幅度内的波动是必然状态，要有心理准备。
以历史数据看，进入低估后，宽基指数仍可能有20%～30%的下跌空间，行业指数、倾向明显的主动型基金潜在的波动性更高。
因此，选择契合自身风险承受能力的标的是投资的第一步，建议放平心态。
投资的利润核心在于时间。无论是企业增长还是价值回归都需要较长的时间，短期看似剧烈的波动，放长看沧海一粟。
正视波动后，便是对标的合理地估值。基金可以简要分为：主动型基金和被动型基金（指数基金）。
指数基金的估值难度相对较小，因为规则公开、权重清晰、策略既定，我们可以使用几个常见指标进行综合判断。

主动型基金可以先看整体市场的估值。均衡类跨行业主动型基金，当全市场低估时，是一个较好的介入时机。

对行业类主动型基金而言，可以近似参考同行业指数的估值。

如果想进一步提升主动型基金估值的可靠性，需进一步分析持仓、权重、策略及变化。

1.低位被套降本 如果持有标的处于低估状态且既定仓位未满，则建议拉开时间，继续保持定投或金字塔式加仓，从而有效摊薄成本。切忌稍有浮亏就拼命加仓想降低成本，很容易造成仓位过重。也切忌裹足不前、瞻前顾后不敢继续定投或加仓。

拼命加仓

不敢下手

2.中位被套躺平 如果持有标的处于正常估值，则建议无视波动，忘掉浮亏，继续耐心持有。基金利润的兑现需要较长的时间，中短期的波动或被套是常遇到的问题，需要有定力。

定力

定力

3.高位被套止损

如果早期介入时没有估值概念，基金买在了高位，即便现在回调，所持标的仍处于高估状态，那么需要及时止损或换仓。高估的基金并非不会上涨，但胜率较低。

止损后，即便基金有所反弹，也不建议继续追涨。建议重新审视自我，制订完整计划后再行动不迟。

契合风险　闲钱理财
精选标的　合理持仓
低估定投　长期持有
高估逐步止盈

大家请看黑板，践行这一策略能避免贪婪作祟，能降低恐惧干扰，即便略有浮亏，我们也能心中有底。

买基金被套是在所难免的，核心在于投资者要放平心态，避免操作变形产生更大的决策失误。

参与基金投资的朋友可以尝试运用六亿居士的方法，在低位、中位、高位被套时采用不同的策略，或许能够更好地缓解大家的被套焦虑。

风险提示：漫画内容仅供参考，不构成投资建议，相关观点及意见不代表雪球立场，亦不代表雪球对其中任何行业或相关公司的判断。内容中数据来自万得。

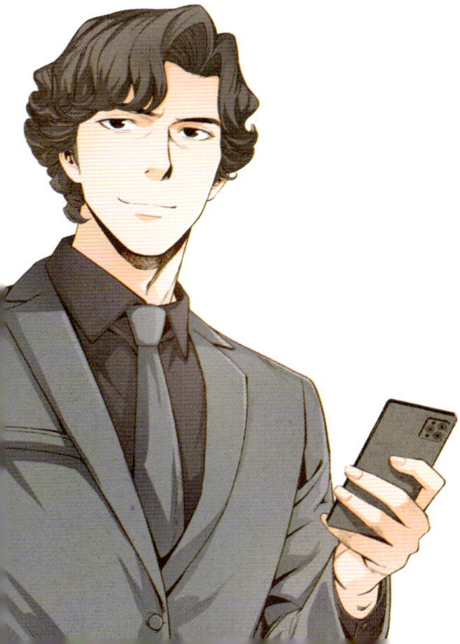